U0043884

脫離好人幫

鄭匡宇 著

Contents 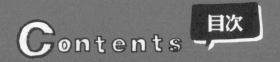目次

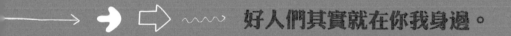 好人們其實就在你我身邊。

好人們其實就在你我身邊。

他們一般說來長相普通（長得太帥的通常當不了好人），個性溫和且忠厚老實，往往有一項特殊的專長和技能。好比說有的會修電腦，有的會設計，有的學問淵博愛讀書⋯⋯等等，但是在與陌生人交往時顯得有點害羞。

有些好人熱心助人，在同儕團體間，是大家樂於來往的對象，不過只要一遇到漂亮或自己喜歡的女生，好人馬上就變成啞巴。他們的原則是：人與人之間本來就應該好來好去，特別是對他們有點友善的人，更是要加倍奉還。我們通常說的好好先生，就是指他們。

好人和同性來往時，一點問題也沒有；但是遇到自己喜歡的女生時，麻煩就來了。他們的交友範圍不算廣，所以能夠認識的女生，可能就是同班同學、同事，或者是參加一些社團所認識的朋友。

好人喜歡的對象，也不至於要怎樣的國色天香，但是基本的姿色是不可少的。通常都必須具備甜美的笑容，禮貌的態度，以及一開始時對好人的和善。好人搞不清楚這個和善是這個女生的天性（是的話加分，非追不可），還是對他有好感（那開玩笑，更要追了）。也許，她就是他那個命中注定的女孩也說不定……好人常常這樣幻想著。

一開始的時候，好人覺得，那位女生對自己還不錯，所以他當然要對她的好給予適當的回報，甚至更多。畢竟「大家好來好去」是他的信念，更何況是一個自己欣賞，還很有可能進一步發展的人呢？於是，他和女生開始頻繁地來往，一起走路進教室（進辦公室），下課（下班）後有時一起喝個咖啡，除了業務往來外，通個電話，訴說一天上課或上班的心情……。

女生偶爾有什麼事情需要他的幫忙，或需要他提供一些訊息甚至勞務等等，他都義不容辭地盡全力滿足她。在他的心裡，這除了是朋友之間的互相幫忙之外，更是他好好表現的機會；做多

了，一定可以打動她的心，每一次的幫忙，對好人來說，就是一種付出，他似乎已經可以看到兩人在不久的將來，手牽手，相互依偎，互訴情衷，卿卿我我的景象。好人的幻想持續增溫⋯⋯。

但是，事情不是這樣的！

幾個月後（有些只有幾個禮拜後），隨著他們兩人的接觸越來越頻繁，他對她的渴望也越來越深，就在好人覺得跟她成為男女朋友的機會越來越高的時候，突然一切都變得不一樣了——好人不知道自己做錯了什麼，不過很明顯地，這個女生突然開始「怪」了。

以前她的電話，每打必接，現在卻常常沒有人接～～

以前聊天聊個半小時或一個小時都是家常便飯，現在講個兩分鐘她就有事掛斷電話～～

以前傳簡訊給她的時候，寫過去的簡訊越溫馨，她回傳的簡訊讀起來也越溫暖。現在傳簡訊過去，就像石沉大海，回應的比率趨近於零，頂多就是告訴他，他的邀請她無法赴約～～

以前聊MSN的時候都有聊不完的話，每次下線前都還難分難捨，現在她在MSN上的回應語句越來越簡短，不僅不會再主動打招呼，而且回應語句還大幅縮水，通常就是用「嗯」、「嘻」、「ㄏㄏ」、「呵」之類的語句來打發人，看起來的感覺就像是在

說：「我不想跟你多說話，麻煩你找其他人好嗎？」

　　好人開始納悶：「到底怎麼了？」、「到底發生了什麼事」？「我是不是做錯了什麼？」，他很想打電話去問個明白，但是對方好像老早就知道他想問什麼一樣，永遠不讓他有機會把那個問題提出來。

　　其實，他根本也不敢問！因為他知道，如果真的追問下去，傳說中的「好人卡」要發到自己手上來了。他也不是沒有接過卡，但是總不能從十六歲開始想交女朋友，就一直收卡收到現在吧？（二十歲，三十歲，四十歲……No！）

　　漸漸地，她甜美的聲音，變成了他的夢魘，他再也不敢撥電話給她了。他也曾經安慰過自己，是不是自己太主動了點，嚇到對方了？是不是她需要更多的時間，才能接受自己的感情？是不是她想考驗他的熱情和決心，現在放棄的話，一切一切的努力就白費了……。

　　替她想了那麼多，但是沒來由的一個冷冰冰的，從心底深處發出來的聲音，不斷地有如魔音穿腦般地告訴他自己：我被發卡了！我被發卡了！！我被發卡了！！！他可以短暫地麻痺自己，但是他騙不了自己啊！

　　然後，幾個月後，甚至幾年以後，他又遇到了一個心儀的女

孩子。他小心翼翼地，希望上次的情形不要再發生了。但是，彷彿被詛咒了一般，一切情形就像鬼打牆一樣，不斷地重演。有時候，他甚至可以預測女生要開始不接電話，不回傳簡訊，不上MSN了。他變得越來越不敢打電話給女生，也越來越不敢對女生獻殷勤，更不要說對女生進行邀約了。因為，一開始的交往越溫馨，之後的回憶也越痛苦。

有些好人選擇自暴自棄，讓魔鬼佔據他的心，開始對女生進行心理和行為上的報復。他決定不再對任何人付出真心，只要有女生的表現有點像他以前遇到的「發卡機」，他心中的警鈴馬上響起，要嘛選擇立刻放棄，要嘛決心周旋到底，滿腦子想著就是仇恨，以及最後「把」到人家之後，要如何把她甩掉的計謀。

他失去了愛別人的心，也放棄了享受愛的權利。

也有些好人決定默默地承受沒有人愛，持續「收卡」的日子。他們一直相信，好人到最後一定是有好報的，總有一天，會有一個命中天女出現，和他相守一生。果不其然，那個人最後出現了，但通常都是相親認識的對象，兩人一認識，就是看彼此適合不適合結婚而已。他感受不到那份對愛情的悸動，有時候還要忍受對自己老婆過去的猜忌。

猜忌什麼呢？他這個條件不錯的結婚對象，有時在不經意的

時候，會透露出她最後為什麼選擇他的原因。通常都是看他經濟有基礎，做人忠厚老實，是個可以結婚的對象等等；她說她不想再蹉跎光陰，也不想再遇到那些懂得甜言蜜語，風趣自信，卻是自己無法掌控，讓自己痛苦不已的男人。

聽到女人的抱怨，好人的感覺是五味雜陳的。難道他永遠就是女人感情失敗後的備胎嗎？難道女人對他的青睞，一定只能發生在中年以後嗎？他並不是想對這個彼此盡夫妻義務的婚姻生活抱怨，但是總有那麼一絲絲的遺憾。為何他的愛情，沒有在年輕的時候到來？如果可以選擇的話，他寧可像自己的老婆一樣，嚐過愛情的酸甜苦辣，然後最後選擇一個自己覺得最適合的對象結婚，而不是像個愛情世界裡的小學生，感情的世界一片空白……

留下兩行熱淚了嗎？有沒有覺得好像就是在說你自己的故事呢？

好人們，你們的處境，教主完全了解！

這本書問世的目的，就是希望帶領眾好人們，能夠脫離好人幫；不再當好人，而是當情人！

和好人相反的，跟女人交往時，能夠無往不利的人，在這裡

姑且叫他們壞男人。不過請大家注意，這裡所說的壞男人，絕對不是真的殺人放火，作奸犯科，或者蓄意欺騙別人感情的壞蛋。而是指那些具備吸引女性的特質，能夠讓女人嘴巴上批評他們，罵到體無完膚，卻又愛他們愛得要死，而且離不開他們的人。

要想不當好人當情人，當然就要對壞男人的思考方式和行為模式，有深入的了解。

為了做如何脫離好人幫的研究，教主在網路上進行搜尋，試圖尋找跟好人相關的文章。我很驚訝的發現，關於好人的文章雖然很多，然而絕大部份都是撰文分享自己的慘痛經驗，和抒發個人感想。內容往往都集中在對女人的抱怨，和詳述悲慘的遭遇，卻沒有人真的告訴好人們，到底該怎麼做，才能跳脫不斷當好人的惡性循環。就像《好人的一生》一樣，大部份的好人都會覺得，自己的人生彷彿是不斷的鬼打牆一樣。

畢竟，很多好人在當了「好人」之後，還是不知道怎樣才能不再當「好人」。更慘的是，很多人即使已經發誓不要再當「好人」了，可是方法不對，即使把靈魂賣給了魔鬼，還是沒有辦法獲得女人心。

如何提出有效的思維和行動方法，讓大家脫離好人幫，就是

教主寫這本書的動機。我相信，一味地抱怨，是沒有意義的，唯有了解真相，採取行動，才能改變自己的命運。這本書對「好人」來說，就是一本改變自己命運的書！

　　這本書裡面，融合了許多我個人的創見、生活的經驗、週遭朋友的故事、網路上的真人真事。不過，前輩們的智慧和著作，也非常值得我們參考。大衛‧狄安傑羅（David DeAngelo）及傑佛瑞‧羅斯（Jeffry Ross），對我的想法和觀念，絕對有啟迪的作用。不過國情不同，儘管我們許多觀念有相通之處，卻也有很多東西，必須經過改良之後，才適合華人世界的民情。教主消化咀嚼之後，去蕪存菁，把最有用的東西提出來，讓大家參考運用。

　　另外，坊間有一本國外的譯著，是由雪莉‧亞戈夫（Sherry Argov）撰寫的《壞女人有人愛》（Why Men Love Bitches），也值得各位男性朋友一看。作者書裡面提到的「壞女人」跟我推崇的「壞男人」在本質上是一樣的。「好女人」和「壞男人」愛自己，所以反而比較受到別人的喜愛，這跟古人說，「人必自重，而後人重之」的道理，有相通的地方。

　　這本書裡面，我把好人和壞男人所相信的信念，以及奉行那些信念後衍生出的行為做一個比較，幫大家解開好人為何時常吃虧，而壞男人總是無往不利的祕密。

再跟大家說明一下，書裡提到的好人，就是那種跟女生告白的時候，會聽到女生說：

「你是一個好人，但不是我喜歡的型……」；

「你是一個好人，但是我喜歡別人……」；

「你是一個好人，但是我有男朋友了……」；

「你是一個好人，但是我現在不想談感情……」；

結果兩個禮拜之後，你看到另外一個男人，牽著她的手在路上逛街。奇怪，明明女生說他們是好人啊，為什麼卻得不到女生的喜愛呢？

所以教主由衷地希望所謂的好人，能夠不要再死板板地，像過去那樣呆呆地付出，卻無法有效地獲得女人心，而是能夠隨機「換檔」。面對自己喜歡的女人時，讓她們覺得你幽默有情趣，有時候卻滿不在乎；有時候溫柔可倚靠，有時候卻神祕難以掌控，徹底征服她的心。

教主在此提出了二十五條信念，每一條信念都是教主嘔心瀝血之作，好人只要相信了這些信念，並且採取行動，那麼就離苦得樂了！最後祝福大家脫離「好人幫」，往好情人的方向邁進！

信念1

好人相信要愛別人比愛自己多，以女生的
快樂為自己的快樂；
壞男人相信要愛別人前先愛自己，絕對不
會做出違背自己原則的事情。

faith 1

好人相信要愛別人比愛自己多，以女生的快樂為自己的快樂；壞男人相信要愛別人前先愛自己，絕對不會做出違背自己原則的事情。

　　開宗明義的第一條信念，相信就已經會引起讀者心理不小的震撼和懷疑了。

　　從小到大我們受的教育，不都是說，要當一個專心癡情的男人，對女人好，持續地付出，才會得到回報的嗎？最起碼小說、電視、電影裡頭，都是這樣演的啊！從金庸小說裡頭的段譽，日劇《一零一次求婚》裡頭的大哥，到當今偶像劇裡頭的男男女女們，不都是愛對方比愛自己多，最後終於得到愛情的嗎？

　　教主你說這樣到底對不對啊？

　　殘酷的現實是，從各位的親身經驗，以及週遭朋友的故事看來，小說和電視劇裡面的情節，似乎真的只會出現在小說和電視劇裡面。真實生活裡，我們不斷地看到把心愛的女人捧得高高在上，癡心付出的人，前仆後繼地成為好人，卻被女生「痛電」。

　　教主必須跟大家溝通一個觀念，那就是愛的定義，實在值得我們加以討論。

對於愛的定義，還有愛別人的方法，基本上分成兩派：

第一派的說法是，愛是全心全意付出，愛是盲目的。所以愛上了一個人，是沒有辦法控制的，也就是說，愛是不理性的。這一派的信仰者，你會時常聽到他們說：「我也知道她這樣不好，並不適合我；她的那些行為很令人生氣。但是，愛都已經愛了，不能回頭了。」

在行為上，這一派的信仰者，傾向於把自己的快樂，建築在對方的快樂上，一切都是以對方的想法，對方的慾望，當成是最重要的，也是最至高無上的。甚至他們連自己的行為，都要以滿足對方的需求，作為出發點。他們的至理名言是：「愛是無私的奉獻，失去自我，完全為了對方，這就是愛！」

問題是，現實生活裡，我們看到的情形是：信仰了第一派的男人，在感情的路上，往往走得跌跌撞撞。他們通常會在一開始的時候，就被女生當成是好人：電腦壞了會找他修、報告寫不出時會請他代勞、考試前的筆記會跟他借、想回家但是天色已黑時會找他載、要搬家時會請他來幫忙……。就只有單純出去輕鬆玩樂，和吃飯看電影的時候，不會有好人的份！

好人以為，用上述的方法來對女生付出，就會換得她最後願意當自己女朋友的回報。但是，不是這樣的！

是的，你所有的付出，這個女生都會高高興興地接受，但是僅只於此而已。當她想要吃喝玩樂，談情說愛的時候，那個對象絕對不會是你的啦！

　　信仰第二派愛情論的人，對愛情的定義，以及如何愛人的方法，有著完全不一樣的認知。這一類的人，也就是所謂的「壞男人」。他們認為，要愛人之前，一定要先愛自己。也就是他絕對不會在追求女生的時候，把自己擺在一個比較低下的位置，什麼都唯這個女生的命令是從，更不會違背自己的原則，去做他自己不想做，但是因為喜歡這個女生，就勉強自己去做的事。

　　比如說，在學校快要考試或快要交報告的時候，好人會努力地替女孩子蒐集資料，替她的報告捉刀，有些好人甚至會在考試的時候，把自己的答案給他喜歡的那個沒有準備考試的女孩子看，幫助她順利拿到學分。他怕如果女孩子的成績不好被當掉，或是被二一的話，他就再也沒有辦法見到她，和她當同學了。

　　我還聽過更扯的例子，就是好人替女生代考期末考，結果搞到自己那一科不及格重修，最後那個女生還是一樣變成別人的妹。世界上最慘的事，莫過於此！

　　好人違背了「誠實考試」，以及「不應該完全替別人代筆寫

報告」的原則，還以為女生會因此而感動。唉，女生根本不會感動的！她頂多在學期結束的時候跟你說聲「謝謝」，了不起再請你吃頓飯（在大部份的情形下，還連個飯都懶得跟你吃呢！），然後就高高興興地和別人約會去了。她不會因此而喜歡上你，反而會覺得，你是一個她可以隨時使喚，沒有自己原則的人，對你沒有了尊重，哪來喜歡呢？

壞男人在遇到類似的情形時，會有完全不一樣的作為。讓我們來研究研究壞男人和他有點喜歡的女孩子之間的對話，壞男人在被女孩子「拗」來幫忙做作業時，有什麼反應：

~~越熱鬧 越孤單~~ 說：

您好！

小王子 說：

「您」就不必了吧！

小王子 說：

幹嘛那麼客氣？

~~越熱鬧 越孤單~~ 說：

呵呵。

~~越熱鬧 越孤單~~ 說：

問候你一下啊~

~~越熱鬧 越孤單~~ 說：

你很閒嗎~

~~越熱鬧 越孤單~~ 說：

現在~~

小王子 說：

嗯，還好。

小王子 說：

我正在幫朋友，在網路上推銷他的課程和書。

小王子 說：

就是網路行銷啦！

小王子 說：

你呢？

~~越熱鬧 越孤單~~ 說：

哈哈~~網路行銷

~~越熱鬧 越孤單~~ 說：

那你幫我寫一份報告

~~越熱鬧 越孤單~~ 說：

兩頁就好

小王子 說：

蝦米？

~~越熱鬧 越孤單~~ 說：

哈哈~

~~越熱鬧 越孤單~~ 說：

小氣耶~

小王子 說：

你應該要為自己的學習負責呀！

~~越熱鬧 越孤單~~ 說：

切~~

小王子 說：

我可以幫妳，不過是妳寫完之後，幫妳看看，修改一下，不是全部
幫妳寫，好嗎？

~~越熱鬧 越孤單~~ 說：

需要

~~越熱鬧 越孤單~~ 說：

小氣鬼

~~越熱鬧 越孤單~~ 說：

哈哈?！

小王子 說：

這不是小氣的問題。

~~越熱鬧 越孤單~~ 說：

只是懶惰而已

小王子 說：

我希望妳成長。

~~越熱鬧 越孤單~~ 說：

一個無聊到不的行報告耶~

~~越熱鬧 越孤單~~ 說：

之前一個~~網路公司~~來演講

~~越熱鬧 越孤單~~ 說：

就要寫心得報告啊~

~~越熱鬧 越孤單~~ 說：

根本就沒有去

~~越熱鬧 越孤單~~ 說：

那要寫什麼~~~

小王子 說：

妳瘋了！

小王子 說：

妳沒去，難道我去了嗎？我怎麼幫妳寫呀？

~~越熱鬧 越孤單~~ 說：

所以囉~

小王子 說：

呵呵。

小王子 說：

不然你寫我那個在教搭訕的朋友好了。搭訕教主鄭匡宇，他在網路上也蠻有名的，很會行銷自己。

~~越熱鬧 越孤單~~ 說：

哈哈~~一點都不相干的東西~

~~越熱鬧 越孤單~~ 說：

不管啦~

小王子 說：

妳就說在網路上看到一個奇人，叫搭訕教主的~

~~越熱鬧 越孤單~~ 說：

幫我寫

小王子 說：

搭訕教主

~~越熱鬧 越孤單~~ 說：

相信你會掰

小王子 說：

靠網路成名

~~越熱鬧 越孤單~~ 說：

幫我寫啦~

~~越熱鬧 越孤單~~ 說：

小氣鬼

~~越熱鬧 越孤單~~ 說：

那你寫另一個

~~越熱鬧 越孤單~~ 說：

農業易遊網~~

~~越熱鬧 越孤單~~ 說：

也是來演講

~~越熱鬧 越孤單~~ 說：

也沒去上課

~~越熱鬧 越孤單~~ 說：

也是要寫心得

~~越熱鬧 越孤單~~ 說：

哈哈~~管你~~~二選一

~~越熱鬧 越孤單~~ 說：

寫一個

小王子 說:

哈哈哈

小王子 說:

妳太小看我了!

小王子 說:

我是不會被女生拗的!

小王子 說:

妳隨便寫寫,我來幫妳改還差不多。要我完全幫妳捉刀,不可能!

~~越熱鬧 越孤單~~ 說:

你都不疼我~

小王子 說:

我疼啊!

小王子 說:

但是沒有抱到,

小王子 說:

還不是溺愛的時候!

~~越熱鬧 越孤單~~ 說:

哼

~~越熱鬧 越孤單~~ 說:

小氣鬼啦~

~~越熱鬧 越孤單~~ 說:

你那麼會掰

~~越熱鬧 越孤單~~ 說:

兩頁心得

~~越熱鬧 越孤單~~ 說：

只要你5分鐘時間

~~越熱鬧 越孤單~~ 說：

都不肯幫

小王子 說:

五分鐘是不可能的啦！

~~越熱鬧 越孤單~~ 說：

你OK啦~

小王子 說：

別來這套！

小王子 說：

問妳的同學，

小王子 說：

那次上課到底說了什麼

小王子 說：

不要寫出文不對題的東西

~~越熱鬧 越孤單~~ 說：

同學一定也知道啦~

~~越熱鬧 越孤單~~ 說：

哈哈~

~~越熱鬧 越孤單~~ 說：

就隨便寫寫

~~越熱鬧 越孤單~~ 說：

你知道超網路公司嗎~

小王子 說：

那是什麼？

~~越熱鬧 越孤單~~ 說：

哈哈~~我也不知道

~~越熱鬧 越孤單~~ 說：

可是~~你一定會知道

小王子 說：

亂講！

小王子 說：

跟行銷有關的專業知識，我一定知道，但是另外一個公司自己的行銷規劃，我怎麼可能知道？

~~越熱鬧 越孤單~~ 說：

吼~~~~~~

~~越熱鬧 越孤單~~ 說：

小氣鬼啦~

~~越熱鬧 越孤單~~ 說：

哼

~~越熱鬧 越孤單~~ 說：

算了，那我自己寫好了！

小王子 說：

乖，別生氣！等妳這學期忙完之後，再找妳出來玩好了！現在先加油吧！寫完需要人修改的話，寄來給我，我再幫妳看看。

大家看到了嗎？你一定以為這個小王子跟女主角後來沒什麼

搞頭，那位女主角一定會記恨在心。如果這樣想的話，那你就錯了！他們後來還是常常出去約會，女主角很喜歡和小王子出去玩，而且小王子在和她約會的時候，什麼牽手啦、摟腰啦、甚至抱一抱，還每一樣動作也沒少！你是不是覺得這根本是Mission Impossible（不可能的任務）呢？

看看之後的分析，你會知道，他這樣做，反而是最能吸引女生的。

女生雖然一開始對自己拗人時被拒絕，會有些不高興，可是小王子的回應，讓他避免被拗，而且替他們關係的進一步發展，留下了伏筆。怎麼說呢？

小王子果然是情場上的高手高手高高手。被女生要求幫忙寫作業的第一時間，馬上就斷然拒絕了（堅定立場）。而且拒絕的理由，還非常的冠冕堂皇，說什麼是希望對方成長，所以不能幫她寫，只能幫她潤飾和修改……。這樣子的回答雖然是拒絕，卻又在拒絕裡頭，含有答應的成分在，好像弄得他真的很關心對方的學習，不替她捉刀，是為了她好似的。其實，他就是不想幫她寫！只是不能拒絕的太沒有技巧，否則以後出來約會，連個手都不能牽，就糗大了。

另外，當女生跟她撒嬌，想要「硬拗」他幫她寫報告，甚至連罵他「小氣」的話都說出口的時候，不同於許多「好人」的直接反應，壞男人會有完全不一樣的作為。好人一定會放低姿態，馬上安撫女生，然後答應幫她寫作業；可是小王子仍不為所動，繼續用他自以為是的態度，和對方周旋。甚至敢用戲謔的口氣教訓她，說她一定是瘋了，才會找一個也沒有上過課的人，幫她寫這份報告。

　　和女人說話的時候，壞男人根本不會害怕自己說出來的話語，是不是會刺激到對方？他們想講什麼，就講什麼。好人卻會畏畏縮縮地想太多，反而讓女生覺得他好欺負，就一直想把事情丟給他來做。

　　最厲害的是，這個壞男人小王子，畢竟功力高強，和女主角纏鬥時，也沒有忘記要和她Flirt（調情）。甚至敢明白地告訴她，他雖然疼她，但還沒有抱到她，她還不是她的女朋友，所以他不應該幫她寫這份報告（其實如果她是他的女朋友的話，就更不可能幫她寫了，呵呵）。這就是在傳達一個訊息給女生：我對妳是非常有興趣的，但是我還有我自己的生活和原則，是不可能完全被妳擺佈的；如果妳是我的情人，或許我會考慮看看。（所以趕

快當我的情人吧!)

　　如果看過《搭訕聖經》的朋友,就會知道女生的想法:當你還在追求她的時候,就是要讓對方覺得,你雖然很喜歡她,可是你還是保有你的自尊、骨氣、及生活;女生知道無法完全掌控你時,反而會對你更有興趣。不過,當你追到對方之後,即使是演的,或者光用嘴巴說,也要讓女生認為,在你心裡,她比你的工作還要重要。好人不懂這個道理,就落得自己連上賭桌,讓女生進一步了解的機會都沒有!

30

才五歲就會背三字經，眞是聰明的好孩子，以後一定不是池中物啊
嘿嘿
國中國小考試都前三名，還是**模範生**，眞是好孩子耶！
謝謝老師
學長功課又好又熱心助人最好了....
謝謝學長！你人好好！
啊...學妹
我想一輩子都跟你是好朋友！
無力
到底從何時開始人好變成了一種錯誤？
應該是從你五官消失的那一天吧...

信念2

好人對女生的付出，不求回報而且無怨無悔；

壞男人不做沒有效益的付出，對女生獻殷勤，都是要有代價的。

f a i t h 2

好人對女生的付出，不求回報而且無怨無悔；壞男人不做沒有效益的付出，對女生獻的殷勤，都是要有代價的。

聰明的讀者，相信又發現了一件事情，那就是好人認為，他的付出，都是應該的，他不會向對方要求回報；壞男人不會沒來由的付出，要他付出的話，必求回報，或者是一定要得到他滿意的代價！上文裡小王子說，『沒有抱到，就不應該替對方寫報告』，就是一個最好的例子。

再舉例來說，假設好人小強和壞男人阿宇兩個人，同時在追求美女小蕙時，如果說中午吃飯時間到了，好人小強或許會打電話跟小蕙說：「嗯，午飯時間到了，妳肚子應該餓了吧？我幫妳買便當送過去。如果沒有時間見面的話，那就下來拿一下便當，我只要能夠見到妳一面，就心滿意足了。」

同樣的情形，如果是阿宇的話，他一定會說：「肚子餓了吧？我在妳家樓下了，來吃飯吧，我想見到妳！」

大家看到這其中的區別了嗎？小強只想把自己的關心，傳達給小蕙，覺得這樣就可以了；阿宇卻深深知道，一定要把女生約出來見到面，自己請對方吃飯才有意義，也才可以在飯桌上，用自己的自信和幽默，吸引對方。否則，搞不好自己累巴巴地送便

當過去，對方卻根本不在呢？難不成自己一個人撐死，吃兩個便當嗎？壞男人阿宇如果見不到女生的面，就連飯錢都省了，真是可喜可賀啊！

而且，壞男人阿宇邀約的句型，不是「可以跟我出來吃飯嗎？」這樣問句的方式喔！而是表面上看起來像詢問，實際上是有答案的半強迫問法，「來吃飯吧！」（一派輕鬆自然的口氣）。這就讓被詢問的女生，比較不容易拒絕，而且會覺得提出邀約的這個男生蠻Man的。女生喜歡的男生，絕對是對他自己的行為感到肯定，並且有準備的男生。

假設小蕙在學業或生活上遇到什麼不如意的事情，想要找人傾訴，或者遇到什麼委屈的事情，需要別人安慰的時候，好人小強雖然會奮不顧身地安慰小蕙，不過也只是「發乎情，止乎禮」，口頭上安慰小蕙，了不起用手拍拍小蕙的肩膀，要她不要太在意別人的想法。壞男人阿宇可就不一樣了，安慰的話他照樣會說，更有創意的是他會趁著小蕙看起來最難過的時候，一把把小蕙摟進懷裡，讓她在他的懷裡哭！（請幻想一下《想哭就到我懷裡哭》這首歌的畫面）

怎樣，夠強悍吧！

這就是壞男人的風格，永遠在女人最脆弱，最需要一個肩膀，理智最薄弱的時候，趁虛而入，強勢介入女生的感情，讓她覺得自己需要眼前這個男人。一個壞男人，即使在這種情形下，被女生推開，也絕不會馬上說抱歉，好像承認自己做出over的事一樣。反而會對女生說：「我沒有其他的意思，純粹是看妳哭得太難過，想安慰妳，妳不要想太多」（搞的好像都是女生的問題一樣）。然後，持續地用壞男人的方式對對方好，也許下次女生再哭泣的時候，他的擁抱就變得可以被接受，而他也直接升格成為男朋友了。

　　「好人」就是缺乏這種魄力和不要臉，以及一試再試的精神啊！

信念3

好人過分在乎女生對自己的觀感，怕動輒
得咎；
壞男人一副「我就是這樣，不然妳想怎樣」
的態度，反而讓女生對他好奇，產生興趣。

f a i t h 3

　　好人過分在乎女生對自己的觀感，怕動輒得咎；壞男人一副
「我就是這樣，不然妳想怎樣」的態度，反而讓女生對他好奇，
產生興趣。

　　好人最缺乏的，就是像壞男人一樣的自信，以及「自以為是」
的態度。

　　好人過分在乎異性對他們的觀感，往往以女人的意見作為評
論自己的標準；但是，壞男人卻堅守自己相信的價值觀，並且以
自己的標準來評論女人。也就是說，壞男人在和女性的接觸過程
裡，秉持著：「我是老板，我說了算」的態度；好人卻把主導權
交給女性，讓自己心甘情願地成為對方的奴隸。

　　講到「自以為是」，很多不了解教主對「自以為是」定義的
人，一定會覺得很刺耳。他們覺得，「自以為是」不是一種偏執
狂嗎？怎麼可取呢？但是，我要請大家注意一下，「自以為
是」，如果從一個比較好的角度來看，你會發現，歷史上，還有
我們生活週遭，成功的人，幾乎都是「自以為是」的。而且，因
為他們堅持，自己的理想終於實現了。所以對他們而言，「自以
為是」，等同於堅定信念，是成功的保證。

我最喜歡舉關於「自以為是」的例子，就是台灣企業的驕傲，分別是鴻海集團的董事長郭台銘，以及廣達電腦董事長林百里的故事。

　　先來說說郭台銘吧！大家應該都知道，郭董的學歷不高，當年是中國海專畢業的。他時常開玩笑地說，自己是黑手出身。而事實上，他真的是黑手出身啊！做機組零件的模具，當然算是黑手了。

　　通常，對於這樣學歷背景和專長的人，如果他想要自己創業的時候，你認為他的親朋好友會怎麼說呢？一定會不斷地勸他：「你的學歷不高，在社會上的人脈也不夠廣，更沒有資金，何必有那麼大的夢想呢？不如務實一點，乖乖替別人做事，這樣比較沒有風險，生活也比較穩定。不是嗎？」還好，郭董很「自以為是」的，沒有把別人的話聽進去，一意孤行，持續地朝自己的目標邁進，才成就了今天的鴻海集團霸業。

　　其實，那些親朋好友的規勸，並沒有錯，只是，他們以自己過去的經驗來判斷未來，認為自己走過的橋，比年輕人走的路還要多，所以年輕人應該聽他們的經驗談。但是，如果我們仔細想想，郭董當時選擇去走的橋，卻是沒有人走過的橋，所以當然不應該以既有的價值和經驗來衡量。郭董因為他「自以為是」的堅

持，才獲得了今天的成功，他走了不一樣的橋，才有今天的康莊大道！

　　同樣的，我們來看看廣達電腦的林百里，他當時的處境其實是更不利的。大家應該都知道，林董是一個香港來的僑生。如果我們自己有朋友是僑生，想在台灣創業，我們會怎麼勸他呢？一定是說：「你在台灣人生地不熟的，國語又不是那麼好，憑什麼創業呢？你的資金來源呢？空有台大的高學歷是沒有多大用處的啦⋯⋯」不是嗎？但是，因為林百里的「自以為是」，相信自己一定會成功，最後終於讓廣達成為全世界手提電腦代工的龍頭。

　　說到這裡，其實我認為，最近在台灣商業類書籍裡，頗受好評，紅得發火的《藍海策略》這本書裡頭介紹的，懂得避開激烈競爭的「紅海」，另外開闢一個沒有競爭對手的「藍海」企業領導人，一定也都是「自以為是」的人。他們所追尋的目標，遠遠超過週遭其他人的想像，再加上如果沒有「自以為是」的努力和奮鬥不懈的堅持，也沒有他們今日的成功。

　　把這種「自以為是」的態度，放在男女關係上的時候，你也會發現它的正面效果。通常，一個好人面對美女，或自己喜歡的女孩子的時候，是非常戰戰兢兢的。他深怕自己說錯一句話，惹

得對方不高興，害怕如果女生一生氣的話，自己就再也見不到她了。所以在和女生對話的時候，他小心翼翼，極盡讚美之能事，以為美女這樣就會感到開心。

好人甚至常常會和美女碰面回家之後，就開始擔心：我剛才說了一些好像不是很得體的話，不知道她會不會因此而不高興了……；跟她約碰面時，遲到了十分鐘，她該不會從此再也不想跟我出來了吧；她今天比較沒有笑容，是不是我的什麼舉動，讓她覺得不舒服……等等。以上全部都是自己想太多！

壞男人可不會這樣！他在和女孩子聊天的時候，想稱讚對方的時候就稱讚對方，想開對方玩笑的時候就開對方玩笑，甚至只要覺得對方有什麼事情做得不對，也會跟女孩子講，不會因為怕女生不高興，連該有的批評都不說。

事實上，女生，特別是美女，對於敢勇於指出她錯誤的人，會特別感興趣。這個敢反對她的男人，跟其他唯唯諾諾，唯女孩子意志是從的人比起來，就是比較有男子氣概，也比較特別。她會對眼前這個男孩子感到好奇，有了好奇，就容易產生好感。

所以，如果以後你和剛認識的，而且是自己蠻喜歡的女孩子聊天時，她有出色的地方，你當然應該稱讚她；但是，當她有一

些你不以為然的評論時，你也不要悶不吭聲，默默接受。比如說，她如果在那邊大放厥詞，批評男生，說男人沒有一個是好東西的時候，你可以義正嚴辭地跟她說：「沒有這回事，不要一竿子打翻一船人！」然後反問她：「你應該不會這樣說自己的父親或兄弟吧？」讓她覺得，你是一個有自己立場和主見的人。

另外，如果女孩子不小心把桌上的果汁打翻，顯得慌張不已，手忙腳亂的時候，你除了馬上幫她把衣服和桌面擦乾外（表示你對她的關心和在意），還可以同時對她說：「哇！你還真會搞笑啊！是故意的嗎？」（請用一種演戲般的，輕鬆開玩笑的戲謔口吻來說），然後哈哈大笑，讓她知道你在開玩笑，化解她當下的尷尬。相信我，女生會喜歡你泰然自若的態度。然而好人在同樣的情形下，搞不好還會跟女生說對不起，認為都是他不小心，害她打翻杯子的呢！（其實根本跟他完全沒關係）如果你是女生，你認為你會比較喜歡哪一種人呢？

可以啊，沒問題.....

好人化其實是有規則可循的，初期就是啥都答應人，這時五官會慢慢模糊起來....

然後就是五官消失，浮現好字。比較胖的人臉上的「好」字是特圖體

比較瘦的人臉上則是常出現仿宋體或瘦金體的字型....

唉喲~妳順便幫幫人家嘛，拜託拜託嘛~

真是拿妳沒辦法下不為例喔！

NICE

下次答應女生的撒嬌前，先摸摸自己的鼻子嘴巴是不是都還在吧...

信念4

好人缺乏自信，把女人當成是世界的中心；
壞男人充滿自信，把自己當成是世界的中心。

faith 4

好人缺乏自信，把女人當成是世界的中心；壞男人充滿自信，把自己當成是世界的中心。

　　從一開始講到現在，時機已經成熟，教主可以把這句話大聲地說出來送給你了。那就是：「女人不是世界的中心，你才是世界的中心！」這句話的創始人的身分不詳，但是北美愛情大師大衛‧狄安傑羅是它的提倡者。而我也相信，要脫離好人幫，你最應該具備的，就是這一條信念。這條信念，和上面兩條信念，有著極度密切的關係。

　　大部份的好人，雖然嘴巴沒有說出來，但是其實在他們心理，就是把女人當成了世界的中心。他們把自己放在世界的邊緣，然後老想往中間靠。問題是，女人是很奇特的，當你越是想要追求她們的時候，她們就越想跑得遠遠地給你追（追求這個字真是用得太貼切了，英文裡頭的pursue 和go after，也是一樣的用法）。另一方面，你越是有自己的生活，表現得不是那麼急切地想要得到她們的時候，她們反而會對你產生興趣。好人必須要了解到：女人只要一發現你露出急切的樣子，想要追求或得到她，她就會想拒絕你！

　　大衛‧狄安傑羅對於好人的批評，非常地不留情面。很多好

人覺得，壞男人懂得女人心理的祕密，然後操控女性的心理，所以才能在愛情上無往不利，也就是所謂的操控者（Manipulator），那是不應該和不可取的。相反的，大衛‧狄安傑羅認為，其實好人才是真正的操控者，只不過是非常失敗的操控者。他們一樣想要贏得女人心，所以用他們自以為有效的方法（不斷付出、哀求、裝可憐），但是卻讓自己在女人面前越顯得低下，更別提能夠贏得女人心了。好人失敗了，卻不思改進，去找成功的人了解原因，只知道嫉妒壞男人，也難怪他們還是繼續陷在萬劫不復的深淵裡面。

　　教主不會像狄安傑羅那樣強烈地批判好人（畢竟好人們才是這本書主要的讀者啊），但是也認為，好人們即使不是操控者，也絕對是懦弱的，咎由自取的，也就是俗諺常說的：「可憐之人，必有可恨之處」的那群可憐又可恨的人。好人根本沒有像你們自己想得那麼好。大家聽我分析完就知道為什麼了！（怎麼好像我罵得更兇啊？抱歉，不知不覺就……。各位，愛之深，責之切啊！）

　　好人其實是懦弱的！因為他們不敢把自己的心意，表達給自己喜歡的女孩子知道。也許他們很想，但是不知道方法，所以選

擇了逃避，或者一直在原處觀望，再不然就是一直默默地付出，但一次只敢給一點點（怕一次給太多，會嚇到女生，就沒下文了），幻想會不會有一天女孩子覺悟了，知道他對她的好，能夠主動來接受他。

各位認為有這樣的可能嗎？好人老是想要把自己變成女人的生活必需品，以為女人會因此而覺得他們很重要。但是我要殘忍地告訴各位，生活必需品固然重要，但是女人可以換一個牌子，不見得要用你這一家啊！所以你的重點，應該不是把自己當成是女人的生活必需品，而是要創造出自己獨一無二的價值，才能讓女人覺得你是不可以放棄的，是她極端想要得到或保留的。否則，你只會是張被用過的衛生紙，連剩餘價值都快沒有了，等著被回收，重新製造吧！就怕你不記取教訓，不思改變，即使重新製造（止痛療傷恢復了），又再被另一個人當成是衛生紙，不斷地惡性循環！

因此，請大家相信，你才是這個世界的中心，你要過好你自己的人生！一個女人，如果想要加入你的快意人生，固然值得高興，但如果她不願意，因為你自己的人生已經很豐富了，有她沒她根本也無所謂，所以你也不會有什麼損失。

　　但是，相信我，當你真的開始重視自己，提升自己的價值，拓展自己的世界時，就會吸引到一個想要加入你的世界的女人。所以，請先投資自己，要有自己的生活！自己的生活!! 自己的生活!!!（老師有講，希望你有在聽啊！ ──）

信念5

好人把女人對他的負面態度全部當真，然後覺得天就要塌下來了；
壞男人把女人的負面態度甚至批評全部當成耳邊風，繼續自以為是。

faith 5

好人把女人對她的負面態度全部當真，然後覺得天就要塌下來了；壞男人把女人的負面態度甚至批評全部當成耳邊風，繼續自以為是。

好人和壞男人還有一個最大的區別，那就是在面對女人的一些負面態度的時候，兩者有著截然不同的反應。比如說，在追求女人的時候，好人如果撥電話給女生，對方沒有接，他就會開始胡思亂想，覺得對方是不是故意不接電話？如果約了女孩子一兩次，對方都不願意出來的時候，好人就會想，一定是對方對他沒有什麼意思，所以以後也不要再約了，免得自取其辱；如果對方給了他MSN，卻沒有時常上線，好人就會想，該不會是自己做了什麼事情，被女人封鎖了吧……。總之，好人想的，沒有一件是正面的好事，都是不斷地在貶損自己，好像自己的價值很低，配不上女人，所以自己先判自己出局。因為，他們最害怕的，就是被女生親口告知他們出局時的痛苦。

如果是壞男人的話，他的思考邏輯和方式是完全不一樣的。女生沒有回他電話，他會想一定是對方在忙，再不然是她的電話沒有放在身邊，晚一點、大不了過幾天再打給她就可以了。約了對方兩次都沒有辦法出來，壞男人會想，那可能是她真的沒有

空，就下次再約囉！反正壞男人認識的女生很多，這個沒有辦法出來，再找下一個就好了，因為壞男人會搭訕，他約會的母群體很多。況且，如果沒人約會的話，就表示他原本要請女生吃飯的飯錢可以省下來了，又未嘗不是一件好事呢？如果在上MSN時一直遇不到那個他喜歡的女生，壞男人會想，那應該是她最近工作比較忙，乾脆直接打電話給她，約她出來就好了……。

　　總之，壞男人絕對不會讓自己產生負面的思想，來貶低自己的價值。如果交往上有什麼問題的話，那也一定是對方的，不會是自己的。壞男人更不覺得有什麼出不出局的問題！因為，他根本跟這個女生沒那麼熟，又不是她的男朋友，談情不成，只是回到原點，Nothing to Lose！（什麼也都沒失去啊！）

　　教主在這裡跟大家舉一個發生在自己身上的真實故事，讓大家看看壞男人是怎麼當的。我和前一任的女朋友Tracy，如果大家都看過《搭訕聖經》的話，應該都知道，我們是搭訕認識的。就因為我們是搭訕認識的，所以她在一開始的時候，對我也比較有戒心，連電話號碼都不願意給我。還好，就像我說的，一開始的時候，有對方的電子郵件或MSN就可以了，反正朋友本來就是要互相慢慢了解的，有了MSN這個工具，我和她可以在網路上面聊

一聊。只要能夠讓她覺得我是一個有誠意又有趣而且「安全」的人（我本人可一點也不安全啊，呵呵），對方就會願意和我出來了。只要願意出來約碰面，就有機會進一步發展了。

　　所以，在MSN上面，該如何跟她對話，吸引到她，就是我後來的重點了。關於這一點，我知道大家都很好奇到底該如何做才好。教主的《情挑MSN》（How To Flirt On MSN）裡面有詳盡的介紹。

　　讓我們先回到目前講的重點。想告訴大家的是，當時我的前女友和你們認識的女生是一樣的，態度上真的有點冷淡。本來嘛！對剛認識的人，怎麼可能多熱情呢？更何況是搭訕認識的。還記得，當時跟她聊了幾次MSN之後，當然就開始想約她出去玩，或者喝杯咖啡也好。我在MSN上告訴她，請她把手機號碼告訴我，這樣我下次可以打電話給她，她回台北的時候（她家在台北，人在台中念書），就可以一起出來玩了。

　　結果，電腦的那一頭出現了好一陣子的停頓（如果是好人們遇到這個情形，就開始要緊張了……，穩住，兄弟們！），然後，螢幕上的顯示是：

　　她：「為何要見面？」

教主：「哦！就是見面聊聊啊！朋友沒有不見面的吧？」

又是一陣停頓，於是我接著發話。

教主：「怎麼？不能見面嗎？還是因為你有男朋友了，所以不能跟我見面？」

隔了好幾分鐘，

她：「不是！只是，我不覺得有見面的必要！」

哈，大家看，這個回答熟悉吧？你一定遇過吧？很多女孩子，特別是七年級的女孩子，說話就是會這麼狠心，可以說是完全不留什麼情面給你。我的好友錦德還遇過搭訕認識的女生在MSN上說：「你應該知道，我是不可能跟你單獨出去的，基於保護女生安全的立場⋯⋯。（哇勒，妳是烈女啊！我朋友有那麼可怕嗎？）。好人遇到這種情形，馬上就會退避三舍，倒退好幾步，然後告訴女孩子：「沒有辦法見面，也沒有關係的⋯⋯」，接著，就繼續扮演好好先生的角色，想說自己的誠意應該可以慢慢打動女生，她總有一天會和他出去的。「家咖賣欸！」，那是不會發生的啦！

教主對於前女友當時那樣的負面回應，可以說在心理上是完全不予理會的。我繼續告訴她，朋友本來就是要碰面，才可以培

養感情的，不然實在很難當朋友。我除了繼續在網路上和她聊好玩的事情，讓她覺得和我聊MSN很有意思之外，還針對她的興趣，邀請她回來的時候，可以一起去台北市立美術館看看（因為她是唸美術的）。這是一種邀約的技巧，因為對方本來也想去那個地方，你再對她進行邀約，成功的機會當然也比較大！

　　後來在和她交往的過程裡，也就是還在追求她的時候，更不斷地聽到她因為還沒有喜歡上我，對我說一些否定的話，以及負面的態度，包括：「我這個月應該都沒空回台北吧！」、「我回台中為什麼要告訴你呢？」，以及她就是不讓我牽她的手（但是還跟我出去）等等……。總之，各位，我想強調的是，教主和你們是一樣的啊！我一樣會被女生的負面態度無情地攻擊，但是，教主和好人的差別就在於，我對那些負面的態度，完全不以為意，繼續自以為是地照著我的步調來追求她，而她後來也和我在一起了（雖然還是分手了，但是短暫的擁有也是永恆啊！）。

　　「自以為是」和「堅持」，就是成功的不二法則！壞男人萬歲！

信念6

好人容易被女生耍，對方稍微善意回應一下，就以為自己有希望，然後義無反顧地把女孩子捧上天（其實是被利用）；
壞男人相信和女孩子相處時，不用把她說的好話全當真，還要小心對方設下讓他成為好人的陷阱。

faith6

　　好人容易被女生耍，對方稍微善意回應一下，就以為自己有希望了，然後義無反顧地把女孩子捧上天（其實是被利用）；壞男人相信和女孩子相處時，不用把她說的好話全當真，還要小心對方設下讓他成為好人的陷阱。

　　教主時常收到好人幫幫眾的來信，其中有許多非常值得大家一起討論的問題。從來信的內容，我甚至可以想像寄件人在寫信時和提問時那無助和無辜的表情。以下就是一位被女孩子設下陷阱，強迫他當好人的幫眾。讓我們看看他的故事：

　　教主
　　嗯 不免俗的 先送上新年快樂一枚:)
　　這次我遇上了一個學妹，是在ptt（台大bbs）上認識的
　　當初以一起讀書打氣為由，約定每天放學讀書。
　　（我高三，她高二，而她因為某些理由要考學測）
　　一開始我認為，每天見面是發展的開始，很爽快地答應了
　　而事實也是如此，直到上個星期日晚上，
　　她傳了一句："我的心靈很空虛，你可以幫我填補嗎？"的簡訊@@"
　　可是...隔天晚上見面之後，她忽然就跟我說："不要想太多"
　　然後星期二沒有聯絡。星期三，還是我到老地方找她，談了一陣子，確立了"以考試為重"這種冠冕堂皇的理由

原本處於收網狀態的我，莫名地成為"向她告白而被拒絕"的挨打角色（言談中，我感覺他的想法）

一直到現在，偶爾會繼續出來讀書，但談話之間雖然還是穿插笑點但我覺得，很有壓力，也很表面。傳簡訊，她不是不回，就是隔天才回。

有時用很正當的讀書理由邀她出來，她早上同意，晚上又臨時拒絕

諸如:"我身體不舒服"；"我臨時有事欸"這類理由

兩次三次..可能很難讓人相信

而目前的狀況，也只是在msn上，有時會主動丟一句話，但卻回得奚落......

我覺得現在，不知道該放棄還是等待？

關心也不是，連最初的讀書動機，都快維持不下去

還應該耐心等待嗎？或者，該以什麼態度來相處呢？

不想讓自己成為被予取予求的好人模樣；也不太甘心率性放手

她是個很有主見的女人，而我也是。

我很清楚，該等的我會忍耐，該收的我也會忍著痛退

只差這決定的方向罷了

還請您指教接下來的方向@@"

大家看到了嗎？這就是活生生的，硬把男人當好人的例子。信中提到的女孩子雖然只有高二而已，但是心機很重，佈下了天羅地網，就等那位幫眾上鉤，然後要痛電他。而很不幸的，他中

計了！

　　好人對於上述的情形，是非常無奈的，他們根本不知道該怎麼辦？相反地，壞男人在一開始的時候，就不會讓這個女孩子的計謀得逞。當女孩子寄來那樣一封簡訊的時候，壞男人雖然心裡開心，但是會不動聲色地假裝好意問女孩子，是不是生活上有什麼困擾，需要談談，他很樂意當她談心的對象。然後只要一有機會，就給女孩子來個牽手或擁抱之類的，測試這個女孩子到底是不是希望由「他」來填補她空虛的心靈。即使他不是那個女孩心目中理想的男主角，因為壞男人根本什麼也沒說，所以在形式上並不是一個主動告白的人，所以什麼也沒有損失，地位也不會變得比較低下！

　　在上述的情形裡面，如果幫眾你一個不小心，已經成為一個好人的話，還是有翻身的餘地，那就是趕快「放下屠刀，立地變成壞男人」。該怎麼做呢？

　　壞男人會採用的最好方法，就是先「淡」一下，過一陣子再約對方出來。這大約要等一個月的時間！這是要讓這個女生感到懷疑，到底幫眾喜歡她究竟是不是真的？還是只是嘴巴說說而已？（讓她去想：「喜歡我的話，怎麼會一個月都不聯絡呢」？）

然後，一個月以後，如果還有機會約女孩出來，態度要變成：哦！雖然你希望我填補你的空虛心靈，但是我還得考慮看看，我們先多了解彼此比較好，反打她一巴掌（不是叫你真的打人哦！是指擺出那種有如反打對方一巴掌的態度）。然後說，你喜歡的是和她一開始認識時開心的感覺，請她不要想太多；如果常一起出去，有感覺的話，自然會在一起的，請她不要急。

　　同時，和女孩出去玩的時候，要是有機會，壞男人不會忘記，過馬路或者是趕著上車的時候，能牽她手時就牽，她心情不好的時候，能抱著她安慰時就抱，什麼都不必多說！（像我喜歡你啦之類的話就省省吧！）這就是好人該向壞男人學習的態度！

　　另外很多好人不敢跟女孩子表示，是害怕一說出口，也許就無法再和這個女生當朋友了。我每次聽到這個論調的時候，都想直接告訴這個好人：「請你不要再用一些有的沒的藉口，來掩飾自己不想被女生拒絕的最真實想法好嗎？不要冠冕堂皇地編一個什麼你很重視她這個朋友的理由。仔細想想，她真的是你的朋友嗎？你的生命，她過去到底參與了多少？你遇到困難的時候，她會挺身而出，拉你一把嗎？如果不會的話，她還不是你的朋友！」

　　最重要的是，你的朋友已經夠多了，根本沒有差她那一個！

你對她的慾望——就是希望她能夠做你的女朋友。即使不能做女朋友，最起碼也要和你很熟，你真的了解對方，但是覺得不太適合做女朋友的時候，你才能心甘情願地讓她真的變成你的朋友而已，不是嗎（雖然你更有可能只希望她是你的炮友，但是很抱歉，這不在我們目前討論的範圍）？請不要虛假地掩飾自己想和她近一步發展的慾望。你總不希望只當她的朋友，一直在她的身邊默默地守護她，然後看著她一直換男朋友，換男朋友？換男朋友，但就是換不到你身上……。你受不了的！

壞男人因為深深了解這一點，所以根本不會讓自己在女孩子的身旁痴痴守候，他們一定會和女生表示的。不過，壞男人表示的方法很多，千變萬化，但是他們大多都把握了一個原則：那就是多用肢體動作告白，少用言語告白。因為根據經驗是：「告白者死」！這在稍後的篇幅裡，會有更詳盡的介紹。無論如何，好人們要記得，遇到自己喜歡的女生，是要大膽地「表示」的啦（注意，不是「表白」哦！）否則告訴你，你在那邊畏畏縮縮，自我設限，壞男人即使條件沒有你好，還是會義無反顧地往前衝。他的機會，當然比你要大許多。女人的感情，都是先到先贏的。

信念7

被女人拒絕時，**好人**相信一定是自己
哪裡做錯了；
壞男人會認為那一定都是對方的問題。

faith 7

被女人拒絕時，好人相信一定是自己哪裡做錯了；壞男人會認為那一定都是對方的問題。

以下的故事，是好人在被女生拒絕時，會先反求諸己的最佳例子。這是我學生承佑一個朋友的血淚故事，因為女生的回應實在是太精彩、太經典了，我一定要放進書裡面，讓大家知道，時代真的變了、變了、變了……（請自己加回音）。以前那種被男孩子追求時，會臉紅心跳、害羞微笑、欲迎還拒的女孩子，已經越來越少了。現在的女孩子，不喜歡你，而你還硬追的時候，連三字經都可能會罵出口……可憐的癡情男啊！

最近身旁有個朋友，在我的鼓勵下，終於鼓起勇氣，向一個他很有興趣，而且和我們一起上體育課的外系女生搭訕，並成功要到她的電話和MSN，我也很為他高興。而且他們後來還順利的約出去看電影和聊天吃飯（只有一次）。

不過，他想約那女生去跨年時，那女生卻開始不接電話也不上MSN了。我同學一天打了2通電話（連續三天外加一封簡訊）給她，但是那女生都沒有接。元旦過後，他趁著上通識課的時間找那女生問問看，問她到底為什麼不接他的電話，但那女生一下課

就一溜煙的跑走了，所以我那同學連問問題的機會都沒有。

　　事隔兩天，我朋友在那女生的網誌上，看到了：這是我今年犯下最大的錯誤，就是和你當朋友……，我說過我是個很低調的人，你為什麼還要一直來找我，而且還打這麼多通電話給我，你煩不煩啊？※$%#@……。

　　以上亂碼的內容，甚至還有一些是不堪入耳（目）的髒話。我那同學還因此爛醉一個晚上，隔天我告訴他，你從頭到尾都做錯了，更誇張的是，你連最後她看不到的反應（他喝個爛醉），也都很荒謬，她都還不是你的誰，你就要對她這個樣子。

　　我那朋友也真好笑，居然回我說：「我覺得一定是我哪裡做了讓她不高興的事，她是不得已才說這些難聽的話語，我想我們一定還有挽回的空間……」。

　　我想以下我就不用再陳述下去，結果大家一定都是可想而知的。我只是要藉這件事，跟大家分享我靈光一現的想法：『公主與僕人理論』princess and servant theory 寫點洋文，感覺比較專業……。好，這不是重點，重點是這東西在說什麼？

　　這理論是在說，今天假設你看上的女生是個公主。（PS：可能在你心中他已經是仙女了，但是為了劇情需要，先假設他為公主。）今天要讓公主看上你，你覺得你要讓她覺得你是個王子還

是一個僕人？我想大家都會覺得應該是王子吧，當然是！（PS：別拿青蛙王子那套理論來說王子是青蛙，等你是隻青蛙再想這個問題。）

　　所以根據我朋友的遭遇，他就是在那女生（公主）面前，表現出僕人的樣子，什麼是僕人的樣子？就是表現的一副你一定要得到她，非要她不可，沒有她你會死，你連舔她打完籃球剛脫下球鞋的腳指都願意……（NONONO！）這就是僕人狀。

　　只要這世界上還有王子氣質和風範的人，我想應該就不會有女生想跟一個僕人廝混。至於如何成為你眼中公主她眼中的王子，我想……，匡宇大哥應該教過大家很多次了吧……。

　　附錄：女生網誌的內容

　　我在2005年犯了一個最大的錯誤

　　就是在聖誕節那天跟你出去玩

　　我只是抱持著跟"朋友"的心態跟你出去玩

　　沒想到在那天之後

　　每天都要打電話來煩我

　　明知道我不接

　　還硬要打

還來我的網誌留言是怎樣？

我去看校際聯合籃球賽

干你屁事啊

還需要向你報備嗎？

不斷的打電話

你不煩

我都煩死了

還來班上找我

真的很無言耶

最讓我感到不爽的是

你在msn上寫的暱稱是怎樣

你是要讓全天下的人認為我跟你在一起嗎？

馬的咧！

我記得我早就在第一次跟你聊msn的時候說過

我非常討厭別人煩我

我已經在暗示了

你難道感覺不到嗎?

是腦袋少根筋，還是天生白目

DAMN IT!

而且我也有說過

期末考快到了

我要認真唸書

你他媽的每天打電話給我幹嘛

靠腰喔

馬的

你真的惹毛我了

既然你不懂暗示

我就明確的說

連朋友都不要當了

就這樣

你不要回覆我的網誌

我一點都不想看

說明：

不知道為什麼匡宇大哥你會想看？純粹想知道那女生有多狠心嗎？
之所以那女生會有msn暱稱的問題，是因為我那朋友之前在自己msn暱
稱上面打上：毛衣溫暖了我整個冬天。

那女生的綽號是：小毛。

大家看到了嗎？上文故事裡的男主角，被女主角這樣狠心對
待的時候，居然還會反問自己，覺得一定是自己有什麼地方做不
對，才會讓女孩子這樣（還她一定是有什麼苦衷勒！他X的）。我
看了真的非常痛心！他其實沒有做錯什麼，喜歡一個人怎麼會有
錯呢？他唯一要說犯錯的地方，就是沒有讓對方喜歡上他。

　　教主時常說：追求女孩子，是一個成王敗寇，完全以結果論成敗的過程！如果對方喜歡你的時候，你做什麼，她都會覺得你很溫馨、很浪漫、很在乎她、很懂得替她著想；她不喜歡你的時候，你做什麼都是多餘的、討厭的、白目的、而且是噁心的。

　　這也同樣發生在和女孩子約會時，你對她肢體上的觸碰。喜歡你的時候，你要牽手摟腰，甚至全盤淪陷給你都可以；不喜歡你的時候，只是言語稍微輕佻一點，她就可能告你性騷擾。尤其現在〈性騷擾防治法〉通過了，你更要小心！所以，如何讓女生喜歡上你，像喜歡壞男人那樣，就是這本書的目標，也是我最大的心願。

　　上面故事裡的男主角，就是一個標準的好人。同樣的結果（就是女生不喜歡男生時），如果是被壞男人遭遇到，他一定會認為，如果自己並沒有打很多通電話給她（該打多少通電話給女生，還有該如何打，請看《搭訕聖經》），也沒有時常去找對方的話（到底約女孩子該用什麼頻率，同樣要看上一本書），那麼就一定是對方的問題了。

　　尤其是，請大家想一想，會這樣在網誌上，對追求自己的人罵三字經的女生，會是什麼「高檔貨」呢？她的程度，真的如我

學生說的，不會太高；她的情緒管理，更是有問題。被這樣的女孩子拒絕之後，不像好人會責怪自己，壞男人一定會很高興，慶幸自己還好跟對方沒有真正開始發展感情，就無疾而終，否則以後可有罪受了。更不要說藉酒澆愁了，壞男人是一定會開香檳慶祝的啦！

不過，話又說回來，我學生承佑提出的「公主與僕人」的理論，固然很不錯，基本上沒什麼需要補充的，但是，還是可以借題發揮一下，讓大家知道以後要怎麼約女生，也讓大家看看，如果男主角是一個壞男人的話，他會怎麼做！

想和女生有進一步的接觸時，壞男人一定不會像那個好人男主角一樣，在下課的時候，老是去找那個女生。他不會讓自己想見她的心，表現得太明顯。同樣地，他也會克制自己想打電話給對方的慾望（最好的方式，就是同時有認識其他女孩子，這個女孩子不接電話，就打給下一位）。而且，打電話的目的，就是要約對方出來，壞男人不會在電話上浪費太多時間！

即使沒有辦法約女生出來，壞男人一定是：有自己的生活！有自己的生活！！有自己的生活！！！他替自己安排了一個原本就很想去的活動，然後問女生要不要跟他一起去。注意哦！是壞

男人本來就想去的地方，或者本來就想做的事情，然後他問女生要不要加入而已。她願意最好，不願意也罷，重點是壞男人為了自己的興趣而活；壞男人的世界是繞著他自己轉動，不是女人！

　　當女生感受到你的世界是如此巨大又豐富多彩的時候，她就會想加入你的生活。這就是兩性相處的初期，男人要如何追求女人的祕密。好人吶，趕快學起來吧！

信念8

好人傾向一直付出，因為他們以為付出就
會有回報；
壞男人懂得設置停損點，壯士斷腕。

faith 8

好人傾向一直付出，因為他們以為付出就會有回報；壞男人懂得設置停損點，壯士斷腕。

　　必須要澄清的一點是，壞男人不是不會付出，只是他的付出，都是經過精密計算，用最小的付出，獲得最大的效益。好人則不一樣，他們往往讓自己付出最大的努力，卻獲得最少的利益，也就是在付出之後，連個飯都無法跟女生吃，更別說什麼約會，或更進一步一親芳澤了。

　　為什麼會這樣呢？好人和壞男人的付出，到底有什麼差別呢？兩者的差別就在於，好人的付出，往往是放棄他自己的原則，或者是超出他能力範圍的付出，所以他常常把自己累得半死，卻不見得可以達到女生希望的效果。再不然就是女生固然嘴巴上說感動了，但是因為並沒有真正觸動到女孩子的內心（實際上是因為女生發現你可以予取予求，所以對你的付出不再在意了），所以並沒有產生應有的效果。

　　比如說，有些好人，明明自己明天還有很重要的事情要去辦，卻因為女孩子的一通電話，要他去幫忙搬家或修電腦，便馬上趕過去。不過，因為他的心裡實在牽掛著他明天得辦的那件事，因此難免在幫女生修電腦的時候，會一個不小心，透露出他

想早點回家的訊息。有些脾氣不好的女生，這時就可能對他說：「你回去啊！反正我當初又沒有逼你來，是你自願要來的。」馬上讓好人噤聲乖乖幫忙，但是在女孩子心目中的印象，已經大打折扣了。

即使他忍住不抱怨，因為他替女生幫完忙之後，時間已經很晚了，影響了他正常的睡眠時間，所以也連帶影響了他隔日的工作，真是得不償失。我聽過最可悲的例子，就是一個大學生，為了那個沒有準備考試的心上人，居然決定要替她代為考試，然後搞得自己被學校「二一」退學。你不要不相信，這是真的！其他類似的情形，包括為了替女生寫報告，自己的報告沒寫完；為了載女生回家，自己不去上課，被老師死當，結果最後女生還是跟別人在一起……。都是可歌可泣的血淚故事，說都說不完啊！

不同於好人的是，壞男人絕對不會對女人做出超出他能力以外的承諾，或者讓他對女生的付出，造成自己生活上的不便。前文裡面提到的小王子，就是一個很好的例子。對壞男人來說，付出不是不可以，但是如果要付出的話，一定要是能盡最小努力，獲得最大效益的。

比如說，當我還在追求前女友Tracy的時候，她也曾經要求我

幫她看一篇英文劇本，那是為了她學弟要演出的英文話劇。一看到她傳給我這樣的訊息，和大家一樣，我的心裡當然會有一些疑慮：要是幫了之後，我還是沒追到，那不是白做工了嗎？

不過，依照當時的情形，不做的話，勢必是會影響我在她心目中的印象。該怎麼辦呢？我仔細評估過後，決定還是幫忙修改一下。為什麼呢？教主也會被拗嗎？當然不是！

我決定幫忙修改的原因有三個。首先，是因為我的英文能力不錯，看了一下劇本，發現只是一個五頁左右的小短劇，而且本來就寫得還不錯，沒什麼錯誤，因此根本不會花掉我太多時間。以那個劇本的長度，再加上我的英文能力，應該只要花個二十分鐘就可以完成修改了，並不會佔用我太多的時間，可以做！

同時，這也是在前女友面前，展現我外語能力的最好機會。讓女生覺得你優秀，是讓她選擇你的一個很重要的因素。而且，英文對我來說，真的是很簡單的東西，但是對學美術的她來說，卻有相當的困難。特別是，我後來聽她說，她對我修改的認真，感到非常感動，也覺得我真的是一個認真做事的人，對我的印象加分不少（假象啊，各位！）。讓她在另一個領域裡面崇拜我，又不用花太多時間和精力，何樂而不為呢？

最重要的是，我是一個懂得邀功的人。我藉機對她說，修改

完之後，她不僅應該跟她的學弟妹們說，是搭訕教主幫忙修改的
（順便幫忙打我的書），還應該好好請我吃一頓飯，當成是犒賞。
如此一來，這樣又多了一個跟她見面的機會，而且是讓她對於和
我見面這件事，產生合理化的感覺。這樣她下次就不好意思拒絕
我的邀約了。

　　所以大家看到了嗎？身為壞男人大家長的教主，除了懂得花
最小力氣，獲得最大效益之外，還是一個懂得善用自己優勢，以
及跟女孩子邀功的人。就是要讓對方覺得你很優秀，是她必須要
把握的對象，但是又不要把自己搞得太累！

　　或許有些讀者會說：「天啊！教主，這樣聽你形容起來，覺
得好自私哦！怎麼什麼都是以自己為出發點的啊？」我告訴大
家，這樣不叫自私，而應該叫從自己的角度出發，來看世界。如
果你硬要說這是自私的話，那麼我就告訴你，自私是一個重要的
美德！因為，唯有每一個人都先愛自己，都是從愛自己的角度出
發來看待事情，對待別人，才不會有悲劇的發生。

　　有太多的好人，完全把女孩子的需求，擺在第一位，然後強
迫自己去做自己不想做的事。就是因為這樣，才會容易造成失

敗，也容易造成怨念，特別是女孩子最後還是不喜歡你的怨念。

我們時常聽到有些人，最後會對自己喜歡的女生產生憤怒和怨恨。有絕大多數的原因，就是因為他在追求的過程中，不斷地喪失自己的自尊和原則，一味地迎合女孩子，搞到自己很討厭自己。結果最後對方還是不喜歡自己，就造成了自我情緒的崩潰，然後做出傻事！要避免悲劇的發生，就從愛自己開始！

信念9

好人在追求女生的時候，容易畏畏縮縮，
不敢求表現，錯失吸引女生的機會；
壞男人在追求女生的時候，知道一開始就
要展現優勢，贏得女人心，免得錯失良機，
後悔莫及。

faith9

好人在追求女生的時候，容易畏畏縮縮的，不敢求表現，錯失吸引女生的機會；壞男人在追求女生的時候，知道一開始就要展現優勢，贏得女人心，免得錯失良機，後悔莫及。

好人因為害怕追求女生會失敗，或者害怕會讓女生覺得自己太愛現（其實就是想太多），往往不敢在追求女生的時候，有一些積極的作為。我所謂積極的作為，當然不是什麼接送或送消夜之類的行為，而是要男生讓女生看到他在自己可以發光發熱的領域裡面，有所發揮表現的模樣。壞男人就深深了解箇中的奧妙，所以在一開始的時候，只要有機會就會讓女生看到他傑出的一面，當然就比較容易吸引到女生。

在這裡舉出好友阿德的故事，再和大家詳細說明。

當時教主我因為有了一個女朋友，於是決定把另一位在六福皇宮工作的正妹朋友（以下簡稱六福妹），介紹給孤家寡人的阿德認識。當然啦，那位正妹也是我搭訕認識的，會介紹給朋友，純粹是基於個人「肥水不落外人田」的信念。

當時他們兩人一見面的時候，在旁邊的我，馬上就嗅出，六福妹對阿德有好感（據說是因為阿德長得像她前男友）。但是阿

德因為太久沒有交女朋友了，因此對自己缺乏自信，不敢相信居然會有正妹在第一次見面的時候，就對他有意思。於是，又拿出了他和女生交往的老套：和對方聊太多不必要的天，特別是他和前女友感情失敗的那一段；和六福妹出去時不敢牽她的手或觸碰她，測試她對他的好感指數；沒事就打電話給對方，讓六福妹確定他就「只是」個想追她的人（就像其他男人一樣）。結果，當然就是換得六福妹的一句話：「我們還是只適合當朋友！」

他們兩人交往最精華的地方，還不是在前面的敘述，而是後面的這一段——

話說在談情無望之後，他們兩人還是朋友，而因為六福妹暫時也沒有什麼其他好的對象在追她，於是仍然會答應阿德的邀約。在一次去台中的旅行中，阿德順道帶六福妹去他大學時的社團國樂社，也順便讓六福妹見識到了阿德指揮的功力。阿德指揮完一下臺時，六福妹便興奮地告訴他：「阿德，我告訴你！你以後認識喜歡的女孩子的時候，一定要帶她來看你指揮！你的氣勢，台風，還有音樂素養，真是太吸引人了！」

阿德也不是笨蛋，聽到她這樣一講，馬上回問她：「所以我今天就帶你來啦!」

嘿！結果大家知道六福妹怎麼說嗎？她說：「那不一樣！我

已經認識本來的你，所以已經免疫了！」阿德聽她這樣說，心理都快「幹」翻了！

大家不會覺得很奇怪嗎？阿德還是阿德啊！為什麼事後（被女生認定是好人之後）表現他的優點，就沒有辦法吸引女生了呢？現在告訴大家，原因就是，愛情裡面的浪漫和吸引，是要在一開始的時候就一舉奏效的，否則當女孩子已經把你歸為好人的時候，你的優點不會增加你對她的吸引力，只會讓她更加相信——你是優秀的，但是只適合當好朋友的好人！就像六福妹說的，她已經對阿德的優勢「免疫」了！

請大家看看，另一方面，身為壞男人大家長的教主我，又是怎麼做的。在我追求前女友Tracy的時候，因為知道身為小模特兒的她，追求者眾，因此當然要在一開始的時候，就展現自己的絕對優勢，讓她覺得我是個不可多得的優質男人，加深她想跟我在一起的興趣。除了在和她聊天的時候，會釋放出我對她有興趣，可是又不明講的訊息外，我還故意用一些藉口，讓她感受到我的魅力。

比如我在實踐大學教英文課的時候，會故意跟她相約晚上一起吃飯，然後邀請她先來我的班上免費聽一堂英文課，結束之後

再一起去吃飯。這有一個好處，那就是可以在課堂上展現我英語的優勢，特別是我站著，她坐著，我是老師，她是學生的優勢。

另外，如果我有校外的演講課程，也會故意找她擔任我的助理，讓她陪著我東奔西跑，除了增加了我們相處的時間之外，更讓她看到我在群眾面前演講時的風趣和自信。以上這些東西，都會加強你在異性心中的價值。而且，因為我在一開始就用了，所以當然可以乘勝追擊，強勢地贏得她的芳心，速戰速決，不讓她像六福妹對阿德那樣，對我的優點免疫。這是兩性交往的撇步，大家一定要趕快學會呀！

但是在這裡還是要提醒大家，真正的自信，是不需要刻意表現的，因為女人很聰明，只要發現你的自信是裝出來的，或者是刻意表現出來的，你在她心理的吸引力就會降低。不懂這一點的好人，有時候會不小心刻意求表現，以為能吸引對方，反而造成反效果。

例如，有一個跟我學搭訕的學生（他已經是社會人士了），因為自己的學歷不高，所以在內心深處有些自卑，也許也因為曾經有認識的女生嫌棄他學歷的經驗，因此在和新認識的女生交往的時候，馬上就會搬出「學歷其實不重要，工作能力比較重要」

的理論。當然，出了社會的人都知道，學歷真的沒有那麼重要，大家主要還是看你的工作表現。但是他一開始的時候這樣講出來，再很刻意地強調學歷不重要這件事，就讓女生覺得，那是他的罩門，是他最在意的事，也顯現出他因為自卑而表現出來的自大。這樣由自卑轉換成的自大，一被女生發現，就是一種扣分。

壞男人懂得讓自己的優勢展現於無形，一切看起來自然而然，就像我在上文裡頭提到自己的情形一樣。明明是設計好，讓女生看到自己在有利的舞台上發光發熱，然後被女生稱讚，或者是被女生用愛慕的眼神盯著看的時候，還會謙虛地回答：「這沒什麼啦！我只是記得看過一句話：時間花在哪裡，成就就在哪裡。所以其實只要你願意，然後採取行動，你一定也可以的。」大家看看，這樣回答的人，給女生的會是什麼形象（謙虛，正面，積極，鼓勵）？會沒辦法吸引女生嗎？一定可以的！

信念10

好人會莫名其妙地給自己設限，並且無緣
無故地對一個女生開始深情款款；
壞男人知道在和對方的感情沒有確定的時
候，一定要多看看，多認識其他異性。

faith10

好人會莫名其妙地給自己設限，並且無緣無故地對一個女生開始深情款款；壞男人知道在和對方的感情沒有確定的時候，一定要多看看，多認識其他異性。

　　就是有一些搞不清楚狀況的好人讀者，會在我的留言版留下以下這種問題。雖然他的問題是和搭訕有關的，但是問題的背後，透露出來的心態，更是值得我們討論。因為，那就是標準的好人心態，也就是在對方根本還不是你什麼重要的人時，好人就容易開始自我設限，甚至深情款款起來。請大家看看他的問題，以及我的回答吧！

　　我已經拜讀過博士的書了
　　讀完後讓我更有勇氣去搭訕
　　但我還有一個疑惑希望鄭博士幫我解答
　　先前我向不同的兩個女生搭訕
　　誰知她們兩個竟然同班
　　這真讓我傻眼
　　後來我的名聲在她們班被傳得不是很好
　　之後不論是學校,百貨公司,飲料店……等
　　在同一個場所都不敢去裡面搭訕第2次
　　來認識不同的人

就又怕被人指指點點的

說我上次不是跟誰誰誰搭訕

怎麼又來搭訕另外一個

請問博士我該如何克服這個障礙??

教主的回答如下：

請問這兩個女生有人喜歡上你嗎？

還是有人已經是你的女朋友了？

如果都不是的話，

你有什麼好擔心的？

其實我知道啦，

你就是還在在乎別人的眼光。

不過要記得，

這些所謂的別人，

在你沒有女朋友的時候，

是不會幫你提供一個女朋友的，

反而會想盡辦法在你追求女朋友的時候打擊你，

所以你有必要在乎那些別人的眼光嗎？

當然不需要！

至於這兩個女生，

如果她們因此就對你印象不好的話，

請跟她們解釋，

一開始多交朋友沒什麼不好的。

難道她們只有一個男生追嗎？

既然她們不會只限定一個男生追她們，

又憑什麼一定只准你認識她一個人呢？

在還沒有男女朋友的時候，

本來就應該多看看。

你可以跟她們說是我說的！！

如果她們沒有慧根，

聽不懂的話，

就馬上把她們丟進你的記憶垃圾桶，

完全忘記她們，

然後再搭訕認識其他的目標。

如果以後被你搭訕的對象問你：

"上次不是跟誰誰誰搭訕，怎麼又來搭訕另外一個?"

這樣子的問題的時候，

你就理直氣壯地告訴她：

"是呀，我覺得優質的人本來就應該多認識！

任何關係都是從友誼開始的。

我現在認識你其實沒有想太多，

你也不要想太多"。

然後跟她從朋友做起，

保持平常心，

這樣就可以了！

你越是理直氣壯，

對方就越會聽你的，

你越是擺出一副害怕，

好像自己做錯事的樣子，

對方就會想要拒絕你。

人都是喜歡崇拜強者，

欺負弱者的。

不要讓對方看輕你，然後拒絕你。

趕快開始再搭訕吧！

還有，

可以請你的學校找我去演講，

造福更多人。

匡宇

　　大家應該已經看出來了吧？來信的讀者，就是好人思維的代表；而回信的教主我呢，就扮演起壞男人的角色了。

　　請想想，一個還不是人家男朋友的人，居然就會開始懷疑自己到底該不該對眼前搭訕認識的這個女生開始專情？告訴大家，在這種情形裡面，根本沒有專情不專情的問題。因為對方既不是他的女朋友，更連對他印象好不好，都還沒有一撇，他憑什麼要為了她，不去認識其他人呢？甚至有讀者會問我，這樣搭訕認識不同人，到底算不算花心呢？這真是標準的好人思維啊！

大家一定要知道，你在那邊自我設限，讓自己不去認識其他的異性，女生除了根本不會領情之外（因為你又不是她的什麼人），她生活的「爽度」，要比你高上太多了。特別是，如果這個女生是一個正妹的話，你以為她就只有你一個男生搭訕，只有你一個男生追嗎？那是不可能的！她每天不知道會有多少男生對她有興趣，不知道會有多少男生打電話給她，逢年過節不知道會收到多少禮物？她都不禁止其他男生來追她了，你又幹嘛禁止自己完全不去認識其他的人呢？

因此，不同於好人常常莫名其妙地對剛認識的女生深情款款，壞男人知道，在一開始認識異性的時候，就是一個數字遊戲（Numbers Game）。唯有認識的人越多，也才能從一個比較好的母群體裡面，找到適合自己的對象，然後同時先跟三到四個女生來往，過幾個月之後，再從中選擇一個自己最喜歡，和她在一起最開心的女孩子交往。這才是和女生交往的正確心態！

壞男人是不會無緣無故在一開始的時候，就沒頭沒腦地隨便愛上一個人的！因為，在一個女孩子還沒有喜歡上你的時候，你做的所有溫馨和深情款款的事情，都沒有任何效益，對女生來說也是沒有任何意義的～！

信念11

好人被女生予取予求，表現得像個弱者；
壞男人深深了解，人是傾向於「崇拜強者，
欺負弱者」的，所以他們立志要成為強者，
不要成為弱者。

f a i t h 11

好人被女生予取予求，表現得像個弱者；壞男人深深了解，人是傾向於「崇拜強者，欺負弱者」的，所以他們立志要成為強者，不要成為弱者。

大部份的好人，都有一種自我設限的本領，你以為他是謙虛，是替女生著想，其實他是沒自信，又怕會被女孩子拒絕。所以擺出一副純情男的樣子，這根本是不值得同情的。他們不知道，人性根本就是崇拜強者，然後很有可能會欺負弱者的。

請大家想一想，如果你正在一間餐廳裡頭吃飯，兩個人走進來，一個是郭台銘，另一個是一位遊民，你認為大家會站起來跟誰握手，表示敬意呢？想也不用想，你一定會說是郭董，即使你根本不認識他，更沒有私交，但是你會想表達你對他的尊敬。可是對於那位遊民，你不僅不可能想跟他握手，搞不好還會請服務生趕他出去。同樣是人，你卻用完全不一樣的態度來對待他，這就是人會崇拜強者，甚至欺負弱者的最佳例子。

所以，我提倡的，就是要大家不要當弱者，而要當強者。在和女人交往的過程裡，很明顯的，弱者就是好人，強者就是壞男人，你要當哪一個呢？

另外，要和大家分享的是，和女生交往的時候，如果你在一開始的時候，不幸因為某種原因，被她當成好人的話，基本上是很難翻身的。不過，身為教主的我，替大家想了兩個谷底翻身的方法供大家參考，那就是——創造自己的價值，以及多跟正妹在一起。就是要讓那個女生看到你的成長，還有跟正妹在一起的樣子！

　　創造自己的價值這方面，跟我在《搭訕聖經》裡面提到，創造對自己有利的舞台，是差不多的意思。如果可以的話，儘量在那個你有興趣的異性面前，能夠有所表現，讓她知道你強過其他人的優點，讓她開始對你有興趣。

　　比如說，如果你們是在同一間公司，但是你本來追不上對方的時候，也許你可以在之後的一個機會裡面，讓她加入你主導的營運計劃，讓她發現你運籌帷幄的能力，也許她就會重新衡量你的價值。在她的心裡，把你從天秤上的好人幫，換到一個有可能發展的情人團裡面。不過，這種機會是可遇不可求的，真的得靠運氣。但是我們都知道，運氣又往往只會降臨在準備好的人的身上，所以話又說回來了，就是你平時就是要充實自己，才能在機會來臨的時候，把握住那個機會。

　　還有一個讓你喜歡的女生重新衡量你價值的方式，就是跟另

一個美女時常在一起，然後讓那個你喜歡，但是原本把你當好人的女生，看到你跟那個美女在一起。很多好人都會以為，讓自己喜歡的女生，看到這一幕，並不是一件好事；但是，其實這絕對是一件好事，而且，那個和你站在一起的朋友，越美越好。

因為，女生之間的競爭心和嫉妒心是很強的。如果你和一個正妹在一起，還狀似親密，或者打情罵俏的時候，原本那個把你當好人的女生，會開始疑惑，你是不是有什麼過人之處，否則為什麼那個美女會和你看起來那麼親近呢？她會對你產生好奇，進一步懷疑自己當時把你當成好人的判斷，是不是錯了？也許，當你下次再約她的時候，她基於好奇心，就會和你再出去一次。這一次，就是你從好人幫跳脫出來的最後機會，要好好把握啊！這也是挾外力以自重的一個好例子！

信念12

好人以為外貌和財富是吸引女人的主要因素，但是他沒有，所以容易自我矮化；**壞男人**相信自信，幽默風趣，大方的肢體語言和不在乎的態度，才是贏得女人心的致勝關鍵。

faith12

好人以為外貌和財富是吸引女人的主要因素，但是他沒有，所以容易自我矮化；壞人相信自信，幽默風趣，大方的肢體語言和不在乎的態度，才是贏得女人心的致勝關鍵。

好人真的以為，女人在挑選一個男人的時候在乎的就是外貌（包括身高），財富，或者權力而已，但是他們認為自己沒有那些東西，所以他們在看到吸引自己的女孩子時，選擇了逃避，因為他們覺得自己配不上對方。

不可否認的，上述三者，的確對很多女人有著不小的吸引力。但是，在我們的社會裡，真的具備以上三者的人口比例，其實是少之又少的。所以，事實上大部份的女孩子，都不是跟以上三種人在一起。特別是美女，我們也時常看到她們跟我們認為是雜碎的傢伙在一起，而那些雜碎，感覺上，外貌，財富，還有權力，應該一項也沒有。這到底是為什麼呢？

大衛‧狄安傑羅認為，一個男人吸引女人的特質，並不只是男人認為的上面那三要素而已。他直接指出，Attraction Is Not A Choice（吸引力並不是可以選擇的）。什麼意思呢？就是說，身為一個男人，在和一個女人相遇的時候，你沒有辦法選擇要不要或能不能讓自己對那位女性來說顯得魅力十足，像個潘安再世或者

詹姆斯龐德一樣。而是女人一見到你，和你說話之後，她們就已
經決定到底會不會被你吸引了。

　　這種對女人的吸引力，雖然不是你可以選擇的，但是如果你
知道一些行為的Pattern（模式），特別是那些在女人面前魅力十足
的人的行為模式，然後加以模仿，你也一樣可以讓自己對女性來
說魅力十足。

　　他歸納出來，四個最主要的因素，就是自信，幽默風趣，大
方的肢體語言，還有那不怎麼在乎的態度（近似於我提到的自以
為是）。關於這一點，我完全認同他的說法。

　　大衛‧狄安傑羅提到的那四個主要吸引女人的因素，其實我
在稍早就已經提到了。重點是你有沒有真的相信，然後照做。不
過，好人還有一個很大的問題，那就是往往恆心不夠，即使決定
開始運用我之前提到的信念和技巧了，也因為意志不堅（他們喜
歡說是心軟，其實是意志薄弱，性格犯賤），一下子就被女人影
響，又開始為對方做牛做馬。這都是不可取的，一定要痛定思
痛，徹底改變。

　　再為大家解開一個祕密，說明男人和女人的不同。或許很多

人不知道，其實，男人和女人，都是會以貌取人的。大部份的男人，都願意承認這一點；而大部份的女人，因為傳統禮教的束縛，不太敢把「我愛帥哥」這樣的話，明目張膽地掛在嘴邊。事實上，「以貌取人」這樣的想法，大家實在不必大加撻伐，因為，人會對外貌姣好的人，在還沒有說話之前產生好感，是很正常的（請看《搭訕聖經》裡面提到的「禮物論」）。

所以，當一個女生同時認識五個男生的時候，在他們還沒有開口講話之前，其實這個女孩子，就已經在心裡憑藉著這五個人的容貌，開始在打印象分數，畫分誰是好人，誰又是可能可以發展感情的人了。

也許她的第一印象是這五個人之中，有兩個人是可能可以發展感情的人，有三個人是純粹的好人，她並不想和他們有什麼發展。不過，在和他們五個人說過話後，她的想法，非常有可能改觀。那就是，原本她覺得是好人的三個人之中，也許會有一個男的，因為他的風趣，幽默，或是自信，讓她對他產生好奇心，想多了解他或者喜歡聽他說話。因此，砰！他在她的心裡，從好人幫跳到了可能發展感情的那個選項群裡。

在此同時，那原本屬於可能發展選項的兩個男人，也許其中一個的談吐，會讓女孩覺得流裡流氣，或者程度太低，而把他丟

　　到好人幫裡面。女孩寧可跟一個外表原本不吸引她的人多多了解他，也不想跟一個只是外表吸引人，但是內在太差的人多說話。

　　但是，類似的情形，在男生而言，卻有不太一樣的結果。當一個男人看到五個女孩子的時候，同樣地會把她們分成「女好人」（女人中的好人）和可能發展的女人。但是，男人和女人的區別在於，男人原本覺得屬於可以發展的女人裡面，也許講完話之後，他發現有一個的程度不太好，或者太愛玩，不適合進一步交往，所以把她丟到女好人幫去；但是，一開始在男人心中，就被定位為屬於好人幫的女人，即使表現得再好，再溫柔，再風趣，也不太可能被男人從心裡調到可能發展的選項群裡面。這就是男女的差別！

　　所以，男生要知道，你們的運氣是比較好的。因為，即使你長得不好看，卻也同樣可能被女生放在擇偶的選項裡面，和其他男人比較。這個時候，看的就是你的才華，能力，風趣幽默和自信。如果你還能夠學會本書裡面提到的觀念和作為，簡直就是所向無敵了。相信我，看完了這本書，還有我的《搭訕聖經》，你即使還是沒有妹（那不太可能），還是有屬於自己的快樂人生！

信念13

好人無法對女人報復或反擊，頂多用嘴説
説罷了；
壞男人懂得「以直報怨」，絕對不會白白
被拗！

faith 13

好人無法對女人報復或反擊，頂多用嘴說說罷了；壞男人懂得「以直報怨」，絕對不會白白被拗！

網路上關於好人抱怨被女生「硬拗」的例子，實在是不勝枚舉。我曾經看過一篇網路上的轉載文章，覺得印象深刻。因為原PO文的作者，雖然幹翻了，但是卻不知道怎麼辦，才能在一開始的時候，避免被女生拗，以及在開始被拗的時候，馬上設立停損點，讓自己的無謂付出，減到最少。為了集好人的報怨之大成，教主模擬原作，並加入了其他好人式的抱怨，也希望能引起更多的共鳴，請大家先看一下：

妮昂的（妳X的），妳這個機車女，以為自己是正妹，再撒個嬌，伶伯（你爸）就該死要幫妳做報告喔？什麼「三千字的小報告就好，星期一要交，拜託啦！」以為後面加個笑臉，或是大哭臉，或是害羞臉，我就會心軟幫妳寫是吧？妳以為我是影印機隨按隨有是不是！妳不是剛交了一個男朋友嗎？幹嘛不叫他寫？怎麼人家當第三者是責任負的最少，油水撈的最多；我這個第三者是責任負的最多，油水撈的最少，幫忙搬家、修電腦、寫作業的都是我，結果到現在連妳的手都沒有碰到過。X（草）！王八也不是這樣當的好不好！

是啦，我是覺得妳很正，那又怎樣？但也不是覺得妳正就注定要幫

妳寫報告吧?什麼?不記得我對妳有過什麼付出?妳記性不好是不是?我可好的很!還記得上次妳還沒有交男朋友的時候,看妳的留言版上面,說什麼考試太多,報告寫不完,後面加了幾個哭臉,我一時心軟心急,二話不說,馬上跟妳同系的朋友查到你要交報告的科目,連續三天三夜不睡,把三份報告趕好,再送到妳的宿舍,以為這樣會感動妳,讓自己在妳心裡加分。

結果是怎樣?好死不死,撞見妳跟正在追妳的男生(後來變男朋友了是吧?)買完宵夜,給我手牽手回來,還在女舍樓下卿卿我我。我真佩服我自己,居然還臉上含笑(心裡含淚),故做鎮定和不在乎地把報告親手交給妳,還跟那個男的握手,跟你們說晚安勒!我真他X的恨我爸媽從小把我教成這樣一個有禮貌的好小孩!

結果妳有怎樣感謝我嗎?沒有!當時虛假地給了我一個微笑,一聲「謝謝」之後,就彷彿覺得我礙眼,趕快示意要我回去了。隔幾天在MSN上遇到妳,妳還故做殷勤地和我熱絡了兩天,就消失了!不是說要請我吃飯嗎?飯在哪裡?去妳班上等妳下課,妳推說要跟同學討論功課,不能一起吃飯;打電話給妳,妳就直接不接聽,然後推說當時在上課不方便接。我想我們學校沒有晚上七點的課吧?搞得我好像很需要吃那頓飯,一直跟妳催討飯局似的。我沒有那麼下賤好嗎!

好,現在又是怎樣?妳食髓知味,知道要做報告就可以找我了是吧?MSN上面的抬頭文寫個「最近諸事不順,好煩哦!誰來幫幫我?」,擺明了就是要我問妳:「在煩什麼啊?」是吧?設下圈套,就是要我往下跳就對了吼!看我沒什麼想再次替妳寫的意願。什麼「我男朋友是唸理工的,沒有文學素養,不會寫這種報告啦!」「哎唷,妳最聰明

了，一定很快可以寫出來」妳以為我就那麼容易被妳灌迷湯，哄兩句就上天了嗎？我就不用準備期中考，不必交我的報告了是吧？

妳到底是不是人啊？什麼都想到自己！只要覺得妳漂亮，喜歡妳，想對妳好的男生就該死是吧？伶伯我當初真是瞎了眼才會看上妳。我發誓再也不要當好人！再當好人幫女生寫報告，我就去浸豬籠！！

大家看到上文裡面的好人的反應了吧？他真的幹翻了！可是，除了嘴巴罵罵之外，他其實是什麼都不能做的。這就是本書出版的目的，因為，教主會告訴大家，當女生做出一個好像是想拗你的行為時，你到底該如何反應，而不是坐以待斃。

讓我再舉一個例子，來說明好人和壞人在被女生欺負的時候，會怎樣不同地回應。

好友阿德曾經遇過一個超會拗男生付錢的女孩子，結果弄得自己損失慘重，還一點油水也沒撈到。那個女生，跟男生出去的時候，聽說是從來不帶錢的（即使她家非常有錢），因為男生都會付。她最喜歡掛在嘴巴上的話就是：「想要追我，或者想跟我交往的男生，先決條件就是不能小氣，我最討厭小氣的男生！」這是一個高招，先把醜話說在前面，搞得所有約她出去的男生，都覺得不替她付錢是一種罪惡似的。

　　最可惡的一次，是阿德原本約她去一家還不錯的餐廳，價位大約是三百到四百元一份餐左右的價錢，阿德原本是想要請對方吃飯的。沒想到，那個女生在餐廳前和阿德碰面之後，竟然說她今天不想吃那家餐廳的食物，建議到別的地方吃。結果呢，她把阿德帶到了台北101樓上的一家日式料理店，一個人一客兩千元的那種。阿德一看到帳單，都快昏了。但是又能怎樣？誰叫他當時想追她，只好乖乖付錢。

　　不要說好人了，大部份的男人，在遇到上述的情形時，應該都不知道怎麼辦！

　　身為教主的我，左思右想，和親兄弟（成功大學的鄭匡佑教授）討論之後，替大家想出了一個最好的方法。不過，這招一用出來，也代表你和這個女生是玩完了。但話又說回來，這樣一而再，再而三拗你的女生，真的是不要也罷！

　　大家應該都記得孔子說的，「以德報怨」是不可取的，我們要「以直報怨」吧？在上述的情形裡，你可以這樣做：當這個女人把你帶到一個你覺得超出你負擔的地方，而你知道這又是她在拗你的伎倆時，請你一開始就問她，大家是各付各的嗎？確定是之後，你再和她一起吃。如果你得到的答案是她要你請客，你不

想，心裡又超不爽，但是不敢當面跟她說的時候，你可以在要點餐的時候（自己還沒點），假裝到外面去接電話，然後撥電話給她，告訴她你因為有急事，沒辦法回去和她進餐，直接離開。

也許有人會覺得這樣很過分，其實一點也不！那個女生點了自己的餐點，吃完自己付錢，使用者付費，天經地義，有何不妥？不過要能這樣做的話，大家得注意，約會的時候，不要帶包包在身邊，否則你假裝出去打電話（實際上是要落跑）的時候，帶著包包多奇怪啊？

還有，當你決定這樣做的時候，就表示跟這個女生緣份也盡了。不要覺得可惜，因為跟你消費習慣不同，或者老是想拗你的女生，你是不可能真心喜歡上她的。即使勉強自己，硬是跟對方在一起，前景也不會看好，還是早早結束，讓對方離開你的生命，也讓自己解脫吧！壞男人是不會選擇讓自己很痛苦地喜歡一個人的。

信念14

好人喜歡用言語告白，
壞男人動手動腳，就是不告白。

faith 14

好人喜歡用言語告白；壞男人動手動腳，就是不告白。

　　好人最大的問題，就是喜歡用言語告白！教主在《搭訕聖經》
裡面，就提醒過所有讀者，跟女生交往時，告白這個動作是可以
直接省略的。如果你真的非告白不可的話，可以在你牽到對方的
手，或者親吻過對方之後，再補告白。聽了教主的話，就有可能
當情人；不聽教主的話，只能繼續當好人。教主有講，大家有沒
有在聽啊！？（不好意思，小郭演得張國志分析師實在太紅了，
教主忍不住也跟著演了起來。）

　　不要告白的原因很多，大部份的好人遇到的情形，就是他們
很容易在和對方不是很了解的時候，就迅速把自己對對方的感情
宣洩出來，想讓對方知道。但是，下場往往很淒慘，對方要不是
直接拒絕你，再不然就是突然從你的生命消失。因為，你不是金
城武或裴勇俊，對方為什麼要馬上愛上你呢？

　　上面提到的種種原因，雖然是開玩笑的成分居多，但是事實
上，就像我在《搭訕聖經》裡面提到的，在一開始和女生交往沒
多久，就迅速告白的人，就好像是在賭桌上，馬上把自己的底牌
掀給對方看一樣。大家想一想，如果有一個女孩子，馬上就告訴

你她很喜歡你，你的心裡會作何感想呢？不會覺得她很奇怪，太容易喜歡上一個人了吧？更重要的，是你在心裡會覺得，既然這個女生已經喜歡我了，不如我先去看看還有沒有其他更好的女生，反正她不會跑掉。除非這個女生是非常優質的女孩子，男生覺得現在非要不可，不然，當然可以放在一邊，等等再回來。這種情形，在女生來說會更明顯。

更何況，先生，剛認識她的你，對她來說，只是一個陌生人好嗎？你憑什麼馬上說你喜歡她啊？到底是喜歡她哪一點？我個人認為，你喜歡的，絕對是你想和正妹在一起的虛榮心，還有害怕寂寞子夜沒有人陪你的恐懼，而不是你口口聲聲說你離不開，沒有會死的「她」。那位「她」，換成另外一個女生，對你來說，也是有一樣的效果的。因為，你真正要的，不是哪一個特定的女生，而是要一個真正的伴侶帶給你的那種互相了解，支持，陪伴，分享的感覺。

所以，還沒有認識她很深的你，實在沒有資格說什麼喜歡對方，充其量，你可以說你很欣賞對方，希望多了解對方，能不能多多接觸而已。就是有太多的人，在女生還不是你什麼人的時候，就把對方捧上天。但是很抱歉，你把對方捧上天，對方就想把你踹到地獄，在女生還不是你的女朋友的時候，你們不是互惠

的關係。

　　壞男人絕對不會在一開始和女生交往的時候，就糊裡糊塗地告白。他知道，跟女生搞曖昧，讓女生弄不清楚他到底喜不喜歡她，才是讓她對自己持續保持興趣的最好方式。所以，壞男人會用一些「不小心」的長時間凝視，挑逗女孩子的心；會在過馬路的時候，輕輕搭著對方的肩膀或腰，然後在過完馬路的時候，迅速放下；會在趕公車或捷運的時候，握著她的手快跑前進，進了車箱後放再開手。但是，就是不會莽撞地大聲告白，以為女生會像日本劇裡面的女主角一樣，溫柔地回應。壞男人懂得動手動腳傳情意，嘴巴上，就是死不告白。因為，手給他牽到了，一切不說自明；隨便告白，就馬上讓自己處於劣勢，讓女生對自己興趣全失！

　　曖昧是吸引女生的最高境界。

116

信念15

好人把正妹外形的美麗，當成是一件多了
不起的事；
壞男人把女人的容貌，當成參考而已。

faith 15

好人把正妹外形的美麗，當成是一件多了不起的事；壞人把女人的容貌，當成參考而已。

　　有太多太多的好人，把女生的美麗外表，當成是多麼了不起的一件事。就因為對方漂亮，便把對方放在一個比較崇高的位子，然後把自己放在一個比較低下，等同於奴隸的位子。他以為這樣是對女孩子的崇敬還有尊重，更覺得這樣就會得到女孩子的歡心，真是大錯特錯。

　　我在《搭訕聖經》裡面，都有提到：不要把正妹的美貌，當成是一件多麼了不起的事，充其量，當成是一個參考就好了。因為，美貌和高䠷的身材，難道是她努力得來的嗎？絕對不是！而是父母和上天賜給她的。我們對於一個人努力付出所得到的收穫，當然要給與讚美和尊重，但是，對於美女的外貌，卻不必賦予過多的意義和價值。

　　我最受不了的，就是很多人，在提到一個長得不錯的女孩子的時候，會突然冒出一句：「她是美女耶！」是怎樣？美女有那麼了不起嗎？好像就理所當然地該幫她付錢；理所當然地該在約會的時候，忍受她的經常性遲到；理所當然地在約她碰面的時

候，忍受她臨時不來，還連個電話都不先打來告知一聲。美女也是人，該有的基本禮貌和做人態度，一樣也不應該少。好人們對於美女們騎到他們頭上的動作，完全選擇了默默忍受，還以為這樣叫做「寵女孩子」。結果就是繼續被美女欺負，然後對方最後也不會選擇他。

壞男人可就不一樣了。他深深知道，美女的外表，不是她努力得來的，是上天賦予給她的，所以只要當成參考就好了。因為壞男人有自信，最愛的人是自己，他從來不會擔心這個美女沒了，就找不到下一個美女了。因此，他不會默默忍受美女的一些不良習慣和態度，反而會適時對美女提出針砭。反而就因為這樣，美女感受到了他的不可控制性，還有帶給她的挑戰感，反而對壞男人加深興趣，希望能多和他接觸。人性的犯賤命格，在男女身上都有。

還有一個約會時要特別注意的事項，不說，大家還真的不知道。很多人都以為，對女孩子提出稱讚，是一件再自然不過，而且是應該常常講的事。所以好人們就傾向於對美女不斷地稱讚，又是她的衣服啦，又是她的鞋子啦，又是她的笑容啦，反正從頭到腳都讓他深深著迷就對了。最糟糕的是，很多好人缺乏自信，

往往會在和女生約會最開心的時候，因為感動，也因為不相信自己的好運（能跟美女約會耶！），就用顫抖的聲音問女生：「我到現在還不敢相信，像妳這麼完美的女孩子，怎麼會跟我這樣的人出來呢？」或「我是妳喜歡的型嗎？」、「我配得上妳嗎？」這類的「鳥」問題。

好人以為這樣是對女孩子的稱讚，但是大家知道女孩子這時心中想的是什麼嗎？我告訴你，她不會認為你這樣是一種發自內心的稱讚，反而會覺得：「你說的沒錯！你是配不上我！你是不配和我出來！」總之，好人在和自己喜歡的女生出去的時候，一個不小心，就會在言語上貶低自己，以為這樣會讓女孩子覺得感動，因為他讓她在自己心目中，處於一個崇高的位置。他們不知道，那樣的說法，反而會澆熄女孩子原本對他們那一點點的興趣和熱情。

壞男人可就不一樣了。壞男人不僅不會在言語中有任何貶低自己的味道，反而會抓住機會，利用自己的傑出表現，向心儀的女孩子邀功。比如說，壞男人如果因為送了一個小禮物給女孩子，而看到了她眼裡露出的感動目光，或者因為說了一些溫馨的話語，而看到了她淺淺的微笑時，不會這樣就算了的。他也許會對著女生微笑著說：「嗯，跟這樣的男孩子在一起，應該也是件

不錯的事吧？呵呵。」

　　也許有人會覺得，男生表現出這樣的舉動，會不會太超過了呢？女生會不會因此而產生反感呢？其實，只要不一直處於愛現的狀態，而是偶爾為之的時候，女生會感受到你的可愛，特別是你強烈表達出你是她最好的選擇的決心。壞男人在這方面一定會展現出決心和毅力，而且他不會因為害怕女孩子的反應，就畏首畏尾，一副怕動輒得咎的樣子。因為，他根本不會去在乎一個不願意欣賞他，或者對他的付出毫無反應的人。

122

信念16

好人對女人的付出，一直是勞心勞力地
做苦工；
壞男人懂得多用嘴巴説，省時省力。

faith 16

好人對女人的付出，一直是勞心勞力地做苦工；壞男人懂得多用嘴巴說，省時省力。

甜言蜜語，永遠是最划算的事。在這一點上面，好人是比較吃虧的。因為，好人大多比較不擅於言辭，往往喜歡用實際的作為，來表達對女生的好感。但是，就像我在前面一再提到的，當你還不是對方的什麼人時，過分地付出，會造成對方的壓力，反而會想逃跑。

壞男人機巧過人，知道多用嘴巴說才比較有用。因為他們了解，女生是聽覺的動物，多用嘴巴說，不僅對方會覺得貼心，也不會造成對方的壓力。因此，壞男人懂得把一些令人感動的話記起來，然後在適當的時機時跟女孩子說，讓女孩子覺得既溫馨又感動。

比方說，壞男人在報紙上看到了一則新聞，是關於一個花店的老板，如何藉由每天送花到他心儀的女孩子家，來表達他對女孩的情意，最後終於打動美人心的故事。在報導裡，記者問女主角，一開始的時候，不願意接受對方，為何最後會被對方打動呢？女主角表示，是被男主角每天送花的堅持，還有他的誠意以及人品打動的。問到男主角到底哪一點好，女主角回答：「他個

性好，人品好，禮貌好，總之，什麼都好！」，所以最後才決定嫁
給他。

看到了這樣的故事，壞男人會用溫馨的敘述方式，說給自己
喜歡的女生聽，然後說：「妳知道我看完這個故事有什麼感想
嗎？」當女生說不知道的時候，壞男人會接著說：「我最大的夢
想，就是以後也要讓妳能夠驕傲地跟別人說，『我是一個個性
好，人品好，禮貌好，什麼都好的男人』」。

大家知道這樣的對話有什麼樣的功效嗎？他不僅成功營造了
一個溫馨的畫面，讓女生在腦中營造以後會跟他在一起的畫面，
又不是那麼直接地，讓對方知道他對她的心意，等於承諾了會好
好照顧對方。這樣藉由故事和畫面，不需要金錢或禮物，就為兩
人更進一步的關係鋪路的做法，真是一舉數得啊！

還有更厲害的呢！如果壞男人在看一本比較硬的商業書，好
比說是看黎智英的《我是黎智英》時，也會特別注意裡面的佳言
絕句，看看有沒有可以用來感動自己和別人的話語。例如，黎智
英在書中提到，他永遠記得他的阿媽跟他說過：「錢，再賺就有
了，但是用錢買不到的東西（親情，友情，愛情……，一點一滴
都要好好珍惜，不可以浪費」。

看到這樣的對話，壞男人就會把這句話牢記在心裡收為己用，然後在適當的時機時，跟女孩子說，接著衍生出他自己的溫馨話語，來感動這個女孩子。他在把黎智英說這句話的故事背景，轉述給女生聽之後，會話鋒一轉，接著就跟女生說：「我覺得，像我們兩個之間的感情，也是錢買不到的。不管以後我們會怎樣發展，妳會不會喜歡上我，都沒有關係。我一輩子都會珍惜我們的友誼和相遇的緣份，因為這就是用錢買不到的東西」。

你看，這樣的話語，多麼知性，特別，又感人啊？不要老是幫女孩子買消夜，打報告，或者搬家，那多累啊？跟壞男人學學多用嘴巴說的技巧吧！把所有讓你感動，或者激勵你的話，拿來當成把妹的必殺絕句吧！

信念17

好人總是幻想電影和電視劇的美好情節會出現在自己身上，所以大量倚賴網路來交友，企圖製造網路情緣；

壞男人知道網路應該只是用來了解對方的工具，直接用搭訕的方式來和心儀的女性認識，才是最誠實，最經濟的做法！

faith 17

　　好人總是幻想電影和電視劇的美好情節會出現在自己身上，所以大量倚賴網路來交友，企圖製造網路情緣；壞男人知道，網路應該只是用來了解對方的工具，直接用搭訕的方式來和心儀的女性認識，才是最誠實，最經濟的做法！

　　網路交友，實在是太不容易了。而且會讓人容易有很「幹」的情緒。請大家看一下我隨便摘錄自某大交友網站女會員的交友版敘述，就知道我在說什麼了。

暱　　稱：XX
性　　別：女性
年　　齡：23歲
星　　座：XX座
血　　型：A
婚　　姻：不婚
身　　高：155 公分(cm)
體　　重：46 公斤(kg)
外　　型：福態豐滿
愛情DNA：伴侶型 享樂型
自我介紹
你好～
謝謝你進來看我～

也希望有機會可以成為朋友～

但是～先講好～！

【我只交朋友……不是男朋友……】

所以如果你希望發展朋友以上的感情

是不可能的

有時候我會很懶..所以留言不一定會回～

如果你有恆心的話

就多寫幾次吧

嗯

我只回覆有照片的朋友

想和我聯絡的話

一定要有照片哦

還有～別跟我要其他的聯絡方式……

電話

MSN

即時通

都不可以

如果不喜歡這種交朋友方式……

可以跳過..選別的朋友～

但請不要進來留言罵我～

謝謝囉～！

　　以上的敘述，大家應該都不陌生吧？因為在交友網站裡，簡直是俯拾皆是。請大家看看，不想交男友的話，上交友網站做什麼？沒事讓自己的男朋友猜忌，對感情是件好事嗎？

　　留言不一定回，那你上來幹嘛？別人都是白痴，該死就要主動留言給你是吧？不給聯絡方式？請問朋友有這樣交的嗎？還好上面這位在交友選擇上沒有什麼限制，否則有時你還會看到一些人，明明說了是來交朋友的，怎麼還有身高體重跟學歷收入的限制呢？那是在幹嘛？我們一般交朋友時，有給它身高體重限制嗎？

　　所以，網路交友真的是很難的，你就是會看到一些你覺得照片吸引你的人，給你設下那麼多限制，讓你不知道該不該和對方主動聯繫。交朋友那麼自然簡單的事，被搞到那麼複雜困難，也算是網路奇蹟啊！

　　但是大家知道嗎？這些在網路上看起來跩戾的人，在現實生活中，如果你是和她搭訕認識的，她並不見得會用一樣的標準，來決定要不要做你的朋友哦！

　　因為，不同於網路世界，她看不到你本人，所以為了保護自己，會設下許多限制。但是，當她看到你本人時，雖然你的身高

體重和長相，不見得符合她的標準，但是你的氣質和風度，還有幽默風趣，卻很可能吸引到她。你看看有些網路交友條件高的女生，結果自己的男朋友長那個遜樣，就知道我說的話都是有道理的了。

所以，用搭訕來認識異性，再用網路工具來了解對方，才是最好的交友方式，你覺得呢？好人的話，會選擇接續在網路世界裡面，編織著不可能的，以及虛幻的愛情；壞男人知道要有更積極的作為，搭訕認識對方之後，再用網路來了解對方。

信念18

好人在對待女生的時候，傾向於在原則和
價值觀之間搖擺，不知所措；
壞男人知道，堅定自己的立場，但是也了
解男女間的差異，才能得到女孩子的喜愛。

faith 18

　　好人在對待女生的時候，傾向於在原則和價值觀之間搖擺，不知所措；壞男人知道，堅定自己的立場，但是也了解男女間的差異，才能得到女孩子的喜愛。

　　教主一定要藉這個機會告訴大家，女生有一種心態非常特別，不了解箇中奧妙的好人，也許還會傻呼呼地跟女生爭論，要個公平。但是，壞男人卻深深了解到，這就是女生的天性，也是兩性交往裡頭的祕密，可以知道，但是不可以講出來，所以會默默藏在心裡，不讓自己要求理性和公平的衝動，壞了他想得到女孩芳心的好事。

　　到底是什麼祕密呢？好，大家注意聽了，那就是，女生通常都是：「只准州官放火，不准百姓點燈！」什麼意思呢？比如說，就像上文裡面描述的，一個漂亮的女孩子，明明有很多人追，她也不反對大家追她，好從中選一個自己最喜歡的。但她卻認為，追她的男孩子，只能追她一個，如果同時認識其他的女孩子的話，就叫不誠懇，是花心。

　　還有，如果男女兩個人已經開始交往了，男生打電話給女孩子，女生沒有接聽，或者傳了簡訊過去，對方沒有回，通常男生摸摸鼻子就算了。但是，如果是女孩子打電話或傳簡訊給男生，

他沒有回的話，他就「好死」了！她事後一定會抱怨兼碎碎唸，責怪他為何沒有趕快回撥電話，或回傳簡訊給她。

另外，一對情侶在網路上聊MSN的時候，如果女孩子因為明天還要上班，於是跟男孩子說她得先去睡的時候，男生即使有再多的話想跟她說，也只好認了；但如果是女生隔天休假，男生卻跟他說，他累了想先去休息，女生通常傾向於勃然大怒，或者暗自不高興，記恨在心，直接取消了他們下次的約會，男生還不知道是為什麼呢！

教主把這些例子舉出來，不是要加深兩性的鴻溝，而是希望好人們知道，這就是女孩子的天性。你不要跟她們講公平，否則女人有月經又要生小孩，男生不用，這樣公平嗎？了解兩性間的不同，享受異性帶給你的快樂，才是最棒的交往。壞男人充分了解這一點，不去和女生爭論這些先天差異造成的問題，所以總是無入而不自得！

信念19

好人往往過於禮貌，讓女人覺得他娘娘的
又不乾脆；
壞男人保持應有的禮貌，但是懂得解決問
題並立刻向前看。

faith 19

好人往往過於禮貌，讓女人覺得他娘娘的又不乾脆；壞男人保持應有的禮貌，但是懂得解決問題並立刻向前看。

好人時常一個不小心，就過分禮貌，讓女孩子覺得他是一個不乾脆的人，覺得跟他在一起吃飯或從事其他活動有壓力。同時，好人往往會為了自己的一些小過失，不斷地道歉，讓原本不覺得那件事有什麼了不起的女生，也覺得他似乎是犯下了滔天大錯一樣。好人以為這樣是禮貌，但沒有發現，其實這樣就會讓女生覺得他這個人不穩重，又愛碎碎唸，應該不是一個適合交往的對象。

例如，跟女生約好時間吃飯，如果因為塞車的問題，好人遲到了。他會誠惶誠恐，一直向女孩子說抱歉，搞不好連鞠躬都來了，連女孩子說不必太在意了，他還一直講，然後也許會怪東怪西，又是交通真的太差啦，又是因為哪個客戶去找他，耽誤到他出門的時間……。反正說了半天，都不是他的責任就對了，因為他怕女生會覺得他是一個愛遲到的人，以後再也不要跟他出去。

壞男人可不會像好人那樣擺出一副過分不好意思的樣子。除了在知道自己會遲到的前幾分鐘，就先打電話告訴女生，他會遲到多久之外，一到了餐廳裡，說完一聲：「對不起，我遲到了，

今天就讓我請客吧！」之後，馬上話鋒一轉，開始談論生活裡有趣的事情，或女生感興趣的話題，完全把自己剛才的不小心遲到的事，拋到九霄雲外，開始享受和這個女生愉快的約會。

其實，女生就是會喜歡這樣的人。因為他事前有準備（先打電話告知會遲到），事後有補償（會請女生吃飯），還會馬上轉移話題，把現場帶入快樂的氣氛。女生會喜歡的，就是這種有準備，有擔當，又能逗她開心的人。好人如果還一直沈浸在自己犯錯的陰影裡的話，就真的只能繼續在愛情的道路上靠邊站了！

另外，教主也必須提醒大家，在和女生約會的時候，不要跟女生提到你以前感情上不愉快的過去，比如說失戀，被女生拋棄，或者苦苦單戀一個人的慘痛經驗。好人以為女生聽到他的故事，會可憐他，同情他，或者覺得他是一個深情款款的癡情男。但事實上，女生不會這樣想的！她會覺得對方似乎還沒有走出過去感情的陰影，因此現階段並不適合跟他談戀愛；同時，女生會認為，一個一直陷入悲傷回憶的人，應該也不是一個情緒控制良好，或個性開朗的人。總之，女生要的對象，是能夠擁有穩定情緒，又能讓她開心的人，那是壞男人，不是好人！

信念20

好人發現喜歡的女人有男朋友,馬上放棄,
或者癡心地等待;
壞男人根本在一認識女人時,不問對方有
沒有男朋友(只問有沒有結婚),相信對
方喜不喜歡他才是問題的重心。

faith20

　　好人發現喜歡的女人有男朋友，馬上放棄，或者癡心地等待；壞男人根本在一認識女人時，不問對方有沒有男朋友（只問有沒有結婚），相信對方喜不喜歡他才是問題的重心。

　　喜歡的女生有男朋友，實在是一件讓人覺得很「幹」的事。好人遇到自己喜歡的女生有男朋友，通常會有兩種反應，第一種就是馬上放棄。其實，好人馬上放棄，背後又有兩個原因，第一個原因是因為，他覺得追求一個有男朋友的女孩子太累，太麻煩了。有時即使花費再多的心力，最後也很容易落得徒勞無功的下場，所以還是算了吧。

　　第二個原因，根據好人的說法，是因為他不想破壞別人的感情。但是我在這裡要拆穿好人的偽善和藉口！事實上，你喜歡人家，人家也不見得就會喜歡上你啊？擔心那麼多幹嘛？所以，在這個原因背後，最主要的原因，其實是因為他害怕被拒絕，害怕自己的愛和付出，會被女生丟到地上踩。他真正害怕的，是自己的失敗！

　　好人在面對喜歡的對象有男朋友時的第二種反應，就是會決定先在女生的身邊，默默地當個好朋友，什麼也不說。他們認為，只要自己是這個女生的好朋友，一直在她的身邊陪伴她支持

她。有一天，如果這個女生跟男朋友分手了，因為他一直陪伴在她身邊，應該就可以順利遞補，直接變成男朋友了吧？他如此幻想著……。

但問題是，事情並不會這樣順利發展的。他會一直看著這個女生換男朋友，換男朋友，換男朋友，就是換不到他。因為，他沒有在當這個女生的朋友的過程裡，創作出自己是獨一無二，讓女生非常想要得到他的特質，因此即使女生分手了，也輪不到他。就像我之前提到的，你如果只是女生的生活必需品的話，她是需要沒錯，但不見得要用你這一家的啊！

壞男人的做法則完全不一樣。他在認識一個女生的時候，完全不會去管對方有沒有男朋友，對他來說，這是一個可以直接跳過的問題。他如果要在乎的話，那就是對方結婚了沒？這才是最重要的。因為他知道，根據經驗法則，男朋友實在是一個不可靠的頭銜。他自己也曾經交過幾個很不錯，對方和他都彼此認定的對象，但是物換星移，她們現在人在哪裡？連個影子都看不到了（嗚嗚，這就是教主親身的故事啊）。所以，壞男人知道，男朋友真的不重要，倒是那個願意負責任，而女生也願意讓他負責任的老公，才是他最尊敬的對手，也是應該放棄這個女生的原因。

　　對壞男人來說，一個未婚的女生有沒有男朋友不是重點，重
點是女生喜不喜歡他。他不會在一開始的時候，就給自己設限，
因為對方有男朋友，就不對對方好，或者不展現自己的優點。在
女生還沒有結婚之前，本來就有多看多選擇的權利，他應該做
的，就是把自己好好地呈現在女生面前，讓她做出最好的選擇。

　　壞男人也不會因為這個女生有男朋友，暫時沒有辦法接受
他，就默默地在一旁等待。壞男人一定不會讓自己一直處於挨打
的位置，他固然會在一開始的時候，對女孩子產生好感，也採取
行動，但是一發現苗頭不對，也就是對方實在沒什麼好回應，還
一直拗他的時候，就會馬上撤兵。其實，與其說壞男人是撤兵，
不如說他是轉進。

　　也就是說，壞男人一定不會死板板地守著這個對他的感情和
付出完全沒有回應的女生。因為他深深了解，一段好的感情，一
定是要兩情相悅的。所以，他一定會去去認識其他的女孩子，也
試著去發現別的女孩子的優點。

　　這樣有兩個好處。第一個就是也許他馬上就會發現一個他很
喜歡，而對方也很欣賞他的新對象，他們兩個人就直接在一起
了。另一方面，如果他新認識的女孩子很優質，原來的那個女孩
子，也會好奇他到底是有什麼特別之處，為何會吸引到那麼優質

的女生，也轉而重新對你產生興趣。這就是壞男人很巧妙地讓女孩子重新衡量他的價值。

　　一般說來，一個女孩子如果已經認定你不是一個可以交往的對象的時候，游戲就已經結束了。但是這招使出來，也許還有敗部復活的機會。總之，壞男人了解，什麼都可以放棄，就是不要放棄自己，讓自己向上提升，才最重要！

信念21

好人對於女人不喜歡自己的事實，傾向於
逃避或不面對，然後繼續做白工；
壞男人懂得見機行事，設停損點，一看沒
搞頭，馬上撤軍。

f a i t h 21

好人對於女人不喜歡自己的事實，傾向於逃避或不面對，然後繼續做白工；壞男人懂得見機行事，設停損點，一看沒搞頭，馬上撤軍。

好人真的是被我們這個社會從小灌輸我們的觀念，像是「精誠所至，金石為開」這樣的言論給害慘了。他們以為，喜歡女生，只要持之以恆地對女生好，對方也會同樣的回應你。可是，結果卻完全不是那麼一回事。

還記得我在前面提到壞男人的「自以為是」理論嗎？有些人也許要質疑我，認為我說的「自以為是」，就某種程度來講，不就是堅持到底嗎？那為什麼好人堅持到底就叫「笨」，壞男人堅持到底就有好下場呢？其實不是這樣的！

應該這樣講：在對於追求女性的堅持，和在對於事業上的堅持，是不一樣的。好人以為，把對事業的執著，拿來用在追求女性，應該一樣有用；相反地，壞男人卻深深了解，這兩者是有一點相關，但卻不相同。

怎麼說呢？身為一個壞男人，他了解，追求女人，靠的是堅持和技巧；但是這個堅持，不是針對一個特定的女人，而是在偌大的女人堆裡面，找到一個自己喜歡，而對方也喜歡他的人。大

家發現好人跟壞男人的不一樣了嗎？

那就是，好人喜歡鑽牛角尖，把眼前看到的這個女生，明明也不是很了解對方，就把她在自己心裡無限放大成唯一的對象，即使對方對自己的個性和優點，一點都沒有興趣，更不願意欣賞。在這樣的情形裡，他再怎麼努力和堅持，也是沒有用的。

壞男人就不一樣了！他深深了解，追求女孩子，其實是一個數字遊戲。從搭訕開始，就是一個數字遊戲，也就是說，跟越多人搭訕，就越能遇到一個願意理他，而他也真的有興趣的女孩子。然後從這些願意理他的女孩子裡面，他再去好好交往和認識，去找出那個他很欣賞，而對方也願意欣賞他優點的人。這樣，即使他在遇到前面幾個對象，慘遭失敗或打槍的時候，也因為他的堅持和不放棄，他最終能夠找到一個他最喜歡，而對方也喜歡他的對象。

因為他知道，他真正要的，是那個能夠享受愛情，和被對方欣賞，以及自己的付出，對方能夠讚美和感動的感覺，而不是看著自己的真心，被別人憑空糟蹋。所以，那個能夠成全他美夢的女人，不見得一定要是他現在遇到的這個女人。他不會有盲目的執著，也不會浪費時間在一個對他沒有興趣的女人身上。他的堅

持，即使不能打動眼前的這個女孩子，但是，他相信只要他堅持，一定可以找到一個和這個女生同等級，甚至更高等級，卻又欣賞他才華和人品的女人。這才是重點啊！

　　我再把兩個好人的故事跟大家分享，目的是告訴大家：大捨大得，小捨小得，如果你老是不捨不得，最後就讓自己動彈不得啊（江緯宸老師名言）！好人真的要向壞男人學習，懂得不要執著在不適當的人身上，要能設愛情的停損點，這樣才能讓自己的感情愛得有價值，也才能活得開心。

　　我的兩個朋友，分別遭遇到了感情上的問題。一個是我在美國唸書時的室友威廉，另一個是好友阿德。威廉碰到的問題是，他喜歡的女孩子，雖然口頭上已經一再地告訴他，只是把他當成朋友，但是又貪小便宜的，一直接受威廉對她的好；舉凡載她上下學啦，搬家啦，印講義啦，請吃飯啦，她又全部接受，這就讓威廉覺得，他還是有希望的，所以就越陷越深。但是，這個女孩子後來交了一個男朋友，而且還是一個在外形和行為舉止上，都很讓威廉瞧不起的一個男孩子，搞得威廉時常火冒三丈，可是還是在這個女生面前卑躬曲膝，試著討好她。

　　在這裡打個岔，如果有女孩子在看這本書的話，教主一定要

跟你們講，千萬不要相信男生說：「我對妳的好是不求回報的」這種屁話。男生對女生的好，叫做投資，他們是為了你最後會和他在一起，或喜歡上他的這個遠景在努力的。千萬不要相信他不是為了得到妳而付出的鬼話，更不要傻傻地不喜歡他，還接受他對妳的好，否則最後小心被潑硫酸！

好朋友阿德的情形也好不到哪裡！他一個交往快兩年的女朋友，在他去外島當兵的時候，移情別戀，愛上了另外一個男人。阿德人在外島，根本是孤臣無力可回天，只能靠著電話打游擊戰。基本上，我認為他根本拒絕相信女友移情別戀，跟別人跑了的事實，還在那裡痴痴地當他的爛命好男人。

有一天，威廉和阿德居然在晚上十二點的時候，分別打電話來跟我訴苦，都跟我講差不多的事。什麼事呢？就是他們說，他們喜歡的女孩子，怎麼深夜十二點了，還沒有到家，他們很擔心她們的安全之類的話。

身為搭訕教主，也是壞男人標竿的我，這時再也忍不住了，我告訴他們：「你們擔個屁心啊！我告訴你們，她們現在好的很，她們現在正躺在別的男人的懷裡，好‧的‧很！」聽我這樣回答的其他朋友，都不禁替我捏了一把冷汗，想說我說話這麼

直，還能活到現在，也算是奇蹟了。

　　但是，我就是受不了好人那種不願意面對現實，不趕快離開不喜歡自己的女孩子，然後還替對方找一大堆藉口的爛性格。拜託大家，一定要改變啊！

154

信念22

好人感情受挫時，傾向於抱怨；
壞男人知道，人生本來就是一個學習成長
的過程，唯有從失敗中學習努力找方法，
改善自己，發揮最大優點，才能贏得女人
心。

faith22

好人感情受挫時，傾向於抱怨；壞男人知道，人生本來就是一個學習成長的過程，唯有從失敗中學習努力找方法，改善自己，發揮最大優點，才能贏得女人心。

身為人類，我們都有一個夢想，那就是希望別人愛上的，是我們原原本本的自己，不是我們的財富，外貌，穿什麼衣服，住什麼房子。但是很抱歉，現實卻不是這樣的。我們的身高，長像，有沒有錢，學歷，以及背景，在在都是別人用來判斷我們，還有決定要不要和我們在一起的標準。

其實這樣也無可厚非。這些東西，也就是一個人的條件，本來就多少代表了一個人的價值。而每一個人也都有尋找自己覺得最好的人，和他（她）談戀愛甚至相守一生的權利！難道你不會用以上的標準，來判斷要不要對眼前的女性展開追求嗎？你一定會！

只是，每個人重視的條件不一樣，或者對那個條件的依賴指數不同。比如說，有的女生就是很重視男生的身高體重，沒有175以上，或者體重過重的胖子，即使其他的條件再好，這個女生也不屑一顧。也有一些女生，因為自己的學歷不錯，就一定也要對象的學歷比她高，造成學士一定要找碩士，碩士一定要找博士的

情形發生。還有人就是在乎對方要有錢，最好是所謂的企業小開，也不在乎對方到底會不會把錢花在她身上，只要你不是出身豪門，就連上賭桌的機會也沒有。對於這樣的對象，只要你不符合她的標準，就一點辦法也沒有。

另外還有一些女生，也希望對方的身高超過175，但是如果遇到一個對象，雖然身高不夠，離她的標準有點差距（比如說165～168），但是家世好，學歷好，人品好，對她也很好，也許她就會發現，其實在她的心理，身高並不是絕對取決對象的因素，因此她還是會選擇眼前這個對象。同樣的情形，也會發生在長得不好看或者過胖，但是其他條件都很好的人身上。所以，女生了解自己真正要的是什麼，真的很重要，畢竟天底下沒有完美的人，也沒有十全十美的事！

說了這麼多，就是要告訴大家，好人的問題，就是在被女生拒絕的時候，會用自己一些不完美的地方來否定自己。如果女生告訴他，她不願意和他在一起，是因為他不夠高，他就埋怨自己的身高；如果告訴他，是因為他不夠帥，他就怨自己的父母為何沒有生給他一張俊帥的臉；如果女生告訴他，是因為他沒有錢，感覺上也沒什麼前途，他就痛罵這個女生勢利眼，或抱怨自己為

何不是出身豪門。他從來不會看到自己的優點，或者去加強自己其他的部份，而是選擇讓自己先天的條件（比如身高，長像），來決定他後天的命運。他的下場，當然就只能停留在無盡的抱怨和悔恨中。

壞男人可不一樣了。他會去找方法，改變自己，讓自己成長，蛻變成一個吸引異性的人。最近在校園裡頭紅到發火，被封為七年級愛情教主的張宗明，替壞男人的自我成長和努力，做了最好的註解。請大家看看他的故事吧！

胖胖電車男 變身愛情教主 （2006／3／27）
【聯合新聞網 記者張幼芳、校園特約記者鄭書羽／台北報導】
國三時是個八十六公斤的邋遢胖子、十八歲前告白失敗四次、暗戀四年開不了口，這位台灣版「電車男」，現在卻成了網路當紅的「愛情教主」，不但找到「愛瑪仕小姐」，還廣助網友解開愛情習題。

Triste這個暱稱，在BBS站PTT裡就像是解答愛情雜症的代名詞，他一系列文章如「你真是約會高手」、「撕毀你的好人卡」、「不敗的魔術師」、「防爆守則」、「素女心經」等在網路上不斷被引用，更被七年級生奉為愛情聖經。

　　本名張宗明的Triste，國中重八十六公斤，愛上副班長，但副班長卻喜歡班長，而班長是他的好朋友。這份愛意深藏四年多，當他決心表白，卻只得到副班長一張耶誕卡，上面寫「我想跟你做一輩子的朋友」。

　　張宗明說，在痛苦中他懂了真心未必可以打動一切，除非找到方法。在愛情裡，外貌、身材跟個性、學識一樣，都是條件，「如果我不能改變遊戲規則，就做最熟稔規則的人。」

　　他看了近八十本減肥書，成功減重到六十九公斤；看了廿家皮膚科診所，只為改善膚質；長得不帥，他不斷嘗試，找到最適合自己的服飾風格及髮型。

　　為了讓自己有幽默感，他兩個月看完一年份的「超級星期天」及「我猜」等電視節目，到網路.JOKE板看完所有笑話，整理各種笑點；在西門町看路人、練習觀察力；為增加才藝，他還考了丙級調酒師執照。

　　「Triste是法文哀傷之意，我希望記取這個教訓，永遠不要再傷心。」他辦到了，副班長在高三下時反過來告白，她說，「如果錯過你，我一定會後悔。」

　　今年一月，他與社團朋友組成「Catch」團隊，在PTT開新版，教網友如何捕捉幸福，創下每天一萬三千人次瀏覽，不到四

個月就躍為PTT心情類第二大版。

「我夢想有一天賣一種商品，它的名字叫魅力。」張宗明心得公開給情路上的男生共享，包括追女生要「三點全露」幽默感、自身才華、內在優點。至於怎麼接近？團體約會當然最好，但第一次到女方家時，不要忘記給她媽媽帶一份禮物。

為了讓大家對張宗明的努力和蛻變有更深入的了解，教主我更上了台大PTT版，親自看了他自己親身慘痛經驗的故事。除了上面記者描述的事情，包括拼命減肥，改善膚質，尋找適合自己的髮型和穿著，看綜藝節目訓練反應和幽默感，上網路笑話版學笑話並練習講笑話之外，他還勤練作文，讓自己能寫出動人的情書；訓練畫畫，讓自己的卡片作品在夜市都有人搶著買；為了能夠培養觀察人的能力，他可以在西門町的誠品前面站上好幾個小時，解讀路人的行為模式，並且還主動搭訕問人，看他猜對方是在等什麼人（等朋友還是在等男朋友）的觀察結果到底正不正確……。

他這麼努力地提升和訓練自己，就是因為他了解到，一個好人，一定要懂得行銷自己，要讓人家知道自己有多好，別人才會願意來喜歡他。否則天底下是沒有那種好女生會主動來找你的事

情發生的,這又和我在推廣搭訕,努力創造自己機會的理念,不謀而合。

　　大家看到愛情教主張宗明的努力了嗎?你的努力有及得上他努力的十分之一嗎?沒有的話,停止抱怨,好好地去學習成長,提升自己吧!這是一個活生生的好人蛻變成好情人的例子。停止抱怨,停止再給自己找藉口,Do Something(去做你該做的事吧)!

信念23

好人對於女生因為他的條件，沒有達到讓她滿意的標準時的批評，感到無奈和痛苦；壞男人認為他自有傑出的地方，不必完全照著對方的標準來看自己。

faith 23

好人對於女生因為他的條件，沒有達到讓她滿意的標準時的批評，感到無奈和痛苦；壞男人認為他自有傑出的地方，不必完全照著對方的標準來看自己。

會想要把這一點寫出來，是因為曾經有讀者跟我提問，分享了他的故事，而我認為可以借題發揮一下，因為受這個問題困擾的人，其實還真不少。

讀者小華是個大學生，他目前正和一個學妹交往中。但問題是，這個女生明明喜歡他，比如說會要求小華告訴她他明天的行程，要他打電話給她，更會讓他在約會的時候牽她的手。不過同一時間，又會不斷地批評小華，吐他的槽，特別是喜歡一再重複地告訴他：「我要的男朋友是一定要身高175以上的，你太矮了（小華身高165），我們不可能」。她嘴巴上這樣講，但是他們兩個人的互動，在校外簡直就像是男女朋友一樣。所以那些話，根本是女生說給她自己聽的。

小華對這樣的情形感到相當困擾。他一直想試著用各種理由說服對方，要她了解一個男人的價值不是只有身高而已。這算是一種理性的勸說，也是試著想要改變女生的想法。不過我告訴他，這麼做是沒有必要的。因為我們其實根本沒有辦法改變一個

人。一個人要改變，一定是她（他）自己想要改變，或決定改變，才有可能改變的。

也就是說，因為這個女生從小受的觀念，或者是她的夢想，就是要跟一個身高175以上的男生交往。這種根深蒂固的觀念，不是一個男生可以輕易打破的。這就好像你從小到大，都被教導要讀建中和台大，但是當你就是唸不到的時候，儘管覺得自己的學校也實在是不錯，心裡還是會有那麼一點點的遺憾，不是嗎？

小華因為這樣而感到非常痛苦，也十分不解，於是求教於我。身為壞男人大家長的教主，馬上就告訴好人阿華一個方法，那就是持續地對女生展現他的絕對優勢，包括他是社團的社長，又是個帶團康的高手，也極有人緣，因此應該常常帶她一起參加他主辦的活動。另一方面，保持原本對她的好，也別忘了之前的摟腰和牽手（搞不好他們的進展根本不止於此呢！）。然後最重要的，是把女生言語上的批評和抱怨（你的身高不夠高，不是我理想的型），完全當成耳邊風。當她再說的時候，就微笑地說聲：「我知道了」。然後繼續用我上面提到的方式來佔據她的心，手照牽，腰照摟，能親就親！

因為，就像我說的，一個人的觀念，只有她想改變的時候，

她才會改變。小華的優勢是，明明這個女生已經喜歡他了，只是過不了自己心裡面想找身高高的男朋友這一關。所以小華只要堅持到底，用自己的方式來對她好，讓女生造成自己心理的內部矛盾（他沒有達到我的標準VS可是我好愛他），這樣就可以了。我相信大部份的女人，最後是會選擇愛情，而把身高這個標準拋到一邊的。除非她臨時遇到一個各項條件都跟小華一樣好，身高又有175的對象。不過，如果小華一天到晚都和那個女生在一起，她有這個機會去認識其他人嗎？大家一定要心機重，心機重，還是心機重啊！哈哈哈！

　　小華最後問我，如果這個情形是發生在我身上的話，我會怎麼辦？大家能夠想像教主的答案嗎？我告訴他：「基本上，我對於不懂欣賞我優點的，還有不會對我的付出有任何回報，還視為理所當然的女生，是不可能有任何好感的。我根本拒絕去喜歡上那樣的女生！」我對女生的觀念是：妳值得我喜愛，我才要喜歡妳。怎麼樣？夠氣魄吧！這跟好人們：「妳真的好可愛，我喜歡妳，拜託妳也喜歡我」的思考方式，是完全不一樣的。

　　曾經有讀者問我：「教主，為何你和大衛・狄安傑羅，還有網路愛情達人斑馬的理論，好像有點接近？」我的回答是：當然

啦！因為真理都是差不多的呀！也許我們延伸解釋的方式不太一樣，但是背後的精神都是差不多的，那就是：要先愛自己，還有尊重自己，再去喜歡別人。如果我們這些前輩血和淚的經驗（啊，沒那麼慘啦），你都還聽不進去的話，那我真的不知道你還要聽誰的。

信念24

好人在追求女孩子的時候，陷入了一般男人都會陷入的困境，也就是無法顯現出自己的不同和優越性；
壞男人知道，追求女人時要保持神祕感，Be Cocky and Funny！（自大自負卻又風趣幽默）

faith 24

好人在追求女孩子的時候，陷入了一般男人都會陷入的困境，也就是無法顯現出自己的不同和優越性；壞男人知道，追求女人時要保持神祕感，Be Cocky and Funny!（自大自負卻又風趣幽默）

我再用大衛‧狄安傑羅在他的《約會倍增術：無法選擇的吸引力》（Double Your Dating: Attraction Is Not A Choice）這本書裡面提供的一個簡單表格，來替大家做一個整理，說明好人和壞男人在追求女生時不同的思考方式和行為模式。

● 好人 ●	● 壞男人 ●
老是買禮物送給女生，或請女生吃飯	偶爾送女生小禮物，製造驚喜，或者會偶爾煮飯給女生吃
尋求女人的肯定	不在乎的態度
不斷想用言行來向女人證明他的價值（過於刻意）	專注於自己的事業，保持神祕感
仔細聆聽女生的麻煩和困擾，變成了她情緒的垃圾筒	懂得開女生的玩笑，逗她開心
總是想討好女生，替女生做牛做馬	自尊自重
對女生不恰當的言行極盡包容	認為女人必須表現得體才能贏得他的心
改變自己來討好女生	保有自信

這張表格裡頭大部份的東西，教主在前文裡面都曾經提到過，現在就一些大家覺得不可思議的部份，或者是我之前說的不

夠清楚的地方，再補充說明一下。

　　首先，就買禮物送女生的這個部份來看，很多好人，特別是在大學裡面唸書的男同學們，中了學長姊的毒，或者不知道從哪裡聽來的謠言影響，還真的以為每天在喜歡的女生課桌上擺一朵花，或者是每天送消夜到女生宿舍這樣的方式，就可以追到她。我要送一句大家久違的話給你們：加卡麥欸！有這麼簡單容易的事，那校園裡面早就有一大堆成雙成對的情侶了。

　　好人們啊！就因為你們照這種「可預見」的方式來追女生，所以才引不起女生對你的興趣啊。請大家將心比心來想想，如果你是一個正妹，每天你會遇到的是什麼？不同的男生送花，獻殷勤，請吃飯，給消夜。這個時候再來一個男生，對你做出了一樣的事情，會對你的心情產生什麼漣漪嗎？不會的，你只會把對方當成：又是一個要追我的人！然後把他給的花丟掉，把他送的消夜給室友吃。

　　因此，好人們，想要追到女生，就是要表現得和其他人不一樣，這樣才有機會。比如說，同樣要送花，一個每天送花的追求者，還比不上那個從來不送東西，卻在特殊的場合（例如看她似乎心情不好的時候），送她一個溫馨的小禮物（可以讓她笑逐顏

開的小卡片或小飾品）的男人（送的時候，還要裝得好像是「剛好」看到她不開心，才「順便」買個小禮物一樣）；一個老是請她吃大餐的好人，還比不上一個從不請她吃飯，卻能巧妙地約女生到家裡，親手做飯給她吃的壞男人。

總之，壞男人的特質，就是懂得保持神祕感，讓女人覺得他沒有辦法掌控，也沒有辦法猜透的。他有時也許會故意放水，讓女生覺得自己猜到他在想什麼，而覺得跟他心靈相通，心有靈犀；他有時也許會故意示弱，讓女生覺得他需要她，但是堅強的他心裡知道，只有自己才是自己最可靠的強心針和依靠。壞男人以上的這兩種表現，都會讓女生覺得，跟這個男人有特別的牽絆和緣份，而挑起她想和對方進一步接觸的興趣。壞男人沒有比較優秀，只是比較敢展現不同！

另外，壞男人永遠不會在追求女生的時候，什麼都聽她的，讓她完全稱心如意。這又是一個好人沒有辦法理解的邏輯。要追對方，不就是要聽她的話，做些讓對方覺得滿意的事嗎？當然不是！就像我在前面提到的，你要對女生好，卻又要讓她覺得你是一個有自己的生活，也是她沒有辦法完全掌控的人，這樣才會挑起她的好勝心，想看看你這個人到底是怎樣，為何都不像其他人

一樣，拜倒在她的裙下。

但是到底要怎麼做，才可以又對對方好，但不讓對方完全稱心如意，卻同時能挑起對方對你的興趣呢？舉例來說，當女生叫你到六點半到她家接她的時候，你就跟她說，你現在被一些事情擔擱了，要七點才能到；女生要你現在就到她家樓下去找她，你就哄她，你一定會去，但是現在還有一個會要開，晚一點再過去。類似這樣的事情，就是你給女生她要的，但是又不完全照著她吩咐的去做。在追求的時候，這就顯示了你的不同。這是大衛‧狄安傑羅的重要創見，我認為頗有道理。不過大家記得，等她變成老婆的時候，可別這樣幹，不要拿婚姻開玩笑啊！

還有一個很重要的觀念，一直沒有跟人家提過。那就是你不但不應該對女生極盡包容討好之能事，反而還要表現出：「妳得好好表現，否則我是不會愛妳」的態度。天啊！這是什麼呀？我知道好人在心理一定在吶喊，這怎麼可能呢？但是我告訴大家，這就是你在跟女孩子，尤其是美女交往的時候，應該表現出來的態度。

不同於好人在追女生的時候，極盡巴結和稱讚，壞男人會用詼諧的口吻，大膽地和女生開玩笑。比如說，在聊天的時候，如

果女生告訴好人:「其實我的脾氣不太好」時,好人一定會說:「怎麼會呢?我不覺得呀!我覺得你人長得可愛,個性又溫和」。壞男人卻敢在這個時候跟女生說:「嗯,你這樣不行,會扣分喔!我比較喜歡脾氣好的女生」然後建議她去看類似像《EQ:情緒商數》那樣的書,來增加自己情緒管理的能力。

還有,女生遲到的時候,好人通常會說聲「沒關係」,然後開心地和女生約會,因為他認為,能夠看到對方,已經是夢想的實現了,他還能說什麼呢?壞男人可不一樣。他會對女生說:「你這樣遲到不行哦!你得請我吃冰,把扣的分數加回來」,這樣逗女孩子,又增加了彼此的互動。

再舉一個例子,假設是剛認識女生的時候,如果只有對方的Email,在想要寫一封信,邀請對方出來碰面的時候,好人一定會極力表現對女生的稱讚和好感,希望她能夠和自己出來,然後自己會好好表現,讓她有一段愉快的時光。

請看看以下的一封,我稱之為「好人信」的範本:

小蘇妳好
今天下午真是個特別美妙的下午.

因為朋友交代我替他去南投辦點事情

就這樣讓我有了一個空閒的下午

後來想到台中的車展好像開始了

於是約了從美國回台放假的國中同學及他女朋友

一起來台中看車展

也因為這樣,能夠遇到妳,相信如果是在週末假日才去看展

可能妳也會忙的沒時間和我閒聊吧

當時會想找妳拍照,是在旁邊看到有男生大方找妳拍照

於是讓我有了這個膽子

這還是我第一人這麼接近人家所謂的車展小姐(or showgirl)

老實說 還蠻新鮮高興的

和妳聊天感覺很愉快,妳給人輕鬆和隨的相處感

是個氣質及談吐不錯的美麗女生

我在台中的朋友反而很少

同學,軍中朋友,大多在台北發或是台北人

雖然妳也是台北人,不過聽妳今天說的

相信妳來台中的機會也蠻多的吧

希望未來能成為妳在台中的好朋友囉

msn有遇到的話 再聊吧

其實，這是所謂「好人的誠意信」裡面寫得最好的，因為他並沒有展現出急切的樣子。但是請大家注意，壞男人絕對不會那樣寫。大衛狄安傑羅替大家舉出了一個非常好的邀約Email範本。這種信通常是寫給剛搭訕認識的女性朋友，或者是在朋友的Party上認識的正妹時可以用得上的。我在這裡把它列出來，並附上翻譯，大家看看跟好人寫的信有什麼不同吧！

　　It was fun talking to you last night. You sound like you might be more than just a pretty face (which is refreshing). Let's get together this week for a cup of something delicious and some stimulating conversation. I'm thinking Tuesday afternoon or Wednesday early evening. Let me know......

　　昨天晚上和你的談話真是愉快。你似乎是一個不只擁有漂亮外表的女孩子，還是一個思想相當有趣的女孩子（不過當然啦，你的外表也是不容忽視的啦）。我們這個禮拜找個時間碰面，喝杯咖啡，聊聊其他有趣的話題好嗎？星期二下午和星期三早上我有空，不知道你的時間如何？讓我知道吧！我們見面再聊。

　　大家看到了嗎？有沒有發現好人和壞男人的不同？首先，壞男人絕對不會在第一封信裡面寫太多，因為搞不好對方給的Email地址是假的，再不然根本就不收Email，你寫那麼多做什麼？還

有，從信的內容裡面，大家發現了嗎？好人傾向於一直稱讚女生，先把她天使化，然後迫切希望和她多聊聊，能夠多了解她；壞男人的心態是：讓我看看，除了美貌以外，妳還有什麼值得吸引我的地方嗎？出來吧！我們下個禮拜就碰面吧！

　　就是這樣的不同，讓女人對壞男人多了一份好奇和好感，而不會把他輕易地當成另一個「只是」想要追她的人。我們都想要對人真心，但是在感情裡面，只有最後的贏家，沒有所謂的悲劇英雄。為了要當那個贏家，採取一些無傷大雅的手段，是必須的，尤其是在台灣。我相信，如果你今天追求的對象，是越南或者是泰國女生的話，應該不會那麼辛苦吧！但是如果你還想要和台灣女生，特別是漂亮的台灣女生交往的話，那麼以上的觀念，就是你必須先學習的功課。

信念25

好人以為，一個心愛的女人跟他在一起之後，自己就可以鬆懈了；；**壞男人**知道，這是一場無止盡的戰爭，只有入土為安之日，才是一個休止。

faith25

好人以為，一個心愛的女人跟他在一起之後，自己就可以鬆懈了；壞男人知道，這是一場無止盡的戰爭，只有入土為安之日，才是一個休止。

我曾經在台大PTT的Catch版發現一篇奇文，探討女生為什麼會變心的原因。想要提出來和大家討論的動機，不是原PO的抱怨發人深省，而是回答這個問題的女生的論點，非常值得好人們仔細閱讀，因為它提供了一個絕佳的機會，來了解女生在和一個男生交往之後的思維。

原PO，也就是那位被女生要求分手的男生，對於女友為什麼會提出分手感到相當不解。一切的導火線，來自於他發現自己的女友，似乎對她辦公室同事的追求，並沒有拒絕的意思。他因為自己的猜忌，一時火大，便和自己的女朋友吵了起來。

結果可想而知，他越火大失控，女生就越不想理他，當他大聲嚷嚷一定要去她的辦公室等她，看看到底是哪個男生想搶他的女朋友時，女生「喀」一聲，直接把電話掛了。男生望著天花板，腦中一片空白，他不敢相信，那個曾經說一生只想和他在一起的女朋友，會掛他電話，會為了另外一個男生離開他。頓時間，他覺得自己的人生完了⋯⋯。

　　原本在該版上的討論，幾乎一面倒地指責那個女生不應該變心，直到一位奇女子把她的論點提出來，和大家討論，才扭轉了大家的觀點，有些男生也反過來開始試著理解女生決定要分手的理由。

　　首先，這位奇女子認為，女生在一段感情穩定之後，尤其是身邊的男生，開始對於她對他的好感到理所當然，不再珍惜的時候，本來就會對這段感情抱持懷疑，然後對另一個勤奮的第三者的追求，感到新鮮和溫馨。

　　她直接告訴有女朋友的男性同胞們，很多人的愛情警鐘，都響得太晚了，總是在最後關頭，女生對這個男友已經死心的時候，男生才發狂般地說：「我一定要把妳重新追回來」。不過，這一切都已經太遲了。如果這個男生在女友有一點點的抱怨時，就細心地呵護她，滿足她的需求；在她透露出有其他人追求她的訊息時，不是勃然大怒，而是馬上對女友表現出抱歉的態度（一定是我疏忽了你），然後立刻加倍對她好，也許這個女友就根本不會想要分手，或給其他男生任何機會了。

　　不知道大家看完我的轉述之後，是覺得原本PO文的那位男主

角很可憐呢？還是覺得回應的女孩子也說得很有道理呢？其實，大家一定要了解到，男女真的是大大的不同！不只生理構造，連思考方式和立場也都是完全不一樣的。對這個觀點還有疑問的朋友，請先去看Dr. John Gray（約翰葛瑞博士）的（Men Are From Mars, Women Are From Venus）《男人來自火星，女人來自金星》這本書，就會有更深入的了解。

　　基本上，女生希望男生能持續地注意她，不斷地給她關愛，把她當成是自己生命裡最重要的東西；而男人則在潛移默化之中，被這個社會教育到：趕快把感情的事情搞定之後，全力衝刺事業吧！或者是認為，「書中自有黃金屋，書中自有顏如玉」，功成名就之後，何患無妻呢？於是，在得到一段感情之後，女生要的是男生能不斷地為感情加溫，男生則是傾向於轉移注意力，通常是轉移到他的事業上（有些人就轉移到其他女人身上，這是比較糟糕的情形），這就容易造成兩人感情的裂痕。

　　不僅如此，在現代的社會裡面，女人越來越像男人。她們變得像男人一樣，有事業上的企圖心，接受好的教育，懂得追求情慾，也不惜對有名無實的感情說再見。在她們眼裡，一個不懂得要變得更溫柔，更體貼，自我學習成長，訓練幽默情趣，以及時

時檢視自己的行為有沒有注意女生需求的男人，是沒有辦法長久吸引她們的。而且，她們不再會為她們的離開感到抱歉，或者覺得有罪惡感，因為人都有追尋更好生活的權利。

有很大一部分的好人，還受了傳統舊思維的影響，對新時代女性的蛻變，感到不解，憤怒和恐懼。他們墨守成規，拒絕改變，以為還是可以用老一套的方式來對付女生，繼續享受他們父母那一輩重視感情或婚姻承諾，一輩子不分離的日子。但現實情況是，時代真的不一樣了！在現代社會裡，即使在一開始的時候，追到了這個女生，成就了一段感情，還是要時時戒慎恐懼，小心呵護，才能讓感情長長久久。這也是為什麼那麼多兩性關係的專家，自己的婚姻或感情，也沒有那麼順利的原因。因為兩性關係，實在沒有那麼簡單，它是一個過程，一個需要在每一個時間點上都讓人付出努力的過程。

壞男人因為了解到老莊道家思想裡：「世上唯一不變的，就是每一件事情都會改變。」這個真理，所以懂得針對各種情況的改變，而有不同的應對策略。他不會把成功追求女友到手的過程，當成是簡單攻城掠地一般。而會在辛苦打下江山之後，「勤政愛民，用心管理」，也就是注意女友的需求，讓她在不經意的

時候，感受到被愛被呵護的感覺。這就是兩性關係裡面所謂的換檔操作理論。壞男人了解箇中的奧妙，所以傾向於把它當成是一個好玩的遊戲（Game），而不會像好人一樣，陷入不解和左右為難的痛苦中。

尾聲＞＞＞

　　這本《脫離好人幫》裡面提到的，主要都是一開始認識女生之後該如何應對進退的觀念和方法，但是只適合用在兩性交往的前半段。如果死守著教主提出的態度和觀念來和女性深入交往，我不相信你和女生能夠真的感情融洽，往相知相守的未來前進。

　　因此，在兩性關係的前段，也就是剛開始認識彼此的時候，用製造曖昧的方式，是正確的，因為這樣才能吸引女生多多認識你的興趣，也才能真正願意對你這個人的其他內在進行了解。但是，當兩人的感情已經穩定之後，就必須要用更開放的心，來面對彼此的問題，營造更好的感情。

　　Anthony Robbins（安東尼・羅賓斯）在他的有聲書《Personal Power》《個人潛能》裡面提到，大部份的人，在與其他人，特別是自己的伴侶在相處的時候，往往都在想著：從這段關係裡面，我能夠得到些什麼？這個人能夠帶給我什麼？但是，真正的兩性關係，如果要能持久，就不應該想著獲得，而要想著付出！因為，很多時候，你越是付出，也就越能獲得。

　　我非常同意這個說法！畢竟，如果兩個人都不願意付出，都在等對方付出，或者對別人的付出都不給與適當的回應的話，那

麼兩個人會是永遠的平行線，一直沒有交集，更不可能擦出什麼愛情的火花。所以，等你確定你們兩個已經是一對有默契的戀人時，就開始付出吧！因為只有付出，才有可能獲得。同時記得，這還是一場永無止盡的精神戰鬥，直到你或你的老伴生命結束的那一刻為止，都應該不斷地為兩人的感情，付出努力（聽起來有點讓人毛骨悚然對吧？不過事實就是如此啊！）。

結論：

最後，我想和大家分享一個在網路上廣為流傳的故事，並且用這個故事當成是本書的結尾。這個故事的原作者已經不詳，但既然我是在愛情教主張宗明在台大PTT的Catch版上面看到的，就姑且用他命名的《熊哥說故事之國王、女巫、侍衛長》當成是該故事的名字吧！

在故事裡，一位落難的國王，被解救他的神龍要求回答一個問題，那就是：「女人究竟真正要什麼？」回答不出來的國王，想出一個緩兵之計，要求神龍先救他，等他在七日內找到答案之後，再回來向神龍報告。神龍答應了，但是要求用國王的靈魂抵押，如果七日內沒有答案，國王將氣絕身亡。

　　國王回到宮中召集所有臣子，但是沒有人能給個正確答案。國王最後找到了城南的一位巫婆，據說她知識淵博，應該知道答案。於是國王派遣英俊瀟灑的侍衛長，立刻將巫婆請到宮中。巫婆告訴國王：「答案我是知道的，你的命我也能救，不過我有交換條件，那就是要陛下的侍衛長在事成之後，娶我為妻。」國王毫不考慮地一口就替侍衛長答應了這樁婚事（真是個完全只顧自己，不管下屬幸福的主子啊！）。

　　巫婆說答案是：「女人真正要的，是能由自己決定主宰她自己的生活方式」。國王於是帶著巫婆的答案去找神龍。神龍聽到標準答案後，滿意地稱讚國王是全世界最聰明的男人，也依約將國王的靈魂還給國王。但可憐的侍衛長可倒大楣了，他得跟醜到不行的巫婆結婚。婚禮當天的喜宴上，巫婆吃相難看不打緊，還邊吃邊大聲放屁，並不時發出不雅的笑聲。侍衛長為了國家犧牲自我，不滿的情緒一點都不敢在喜宴中發作。

　　好不容易熬到入洞房的時刻。當巫婆換下禮服，從淋浴間出來時，侍衛長簡直不敢相信他的眼睛。

　　因為他眼前所見的，是一個超級性感的辣妹，不是原來那個褐髮雞皮的巫婆。巫婆告訴他：「因為你信守承諾，在喜筵裡也沒有因為我的無禮而發怒，我決定往後每一天中，有十二小時變

成超級溫柔美女陪伴你，你可以選擇要我白天當美女還是晚上當美女，不過就只有這十二小時，不多也不少，時間一到，我就會變回醜陋的巫婆」。

侍衛長陷入了兩難的局面，因為他不知應該選擇白天帶一位絕世美女出門向朋友炫耀，讓眾人羨慕，而晚間要和一位雞皮鶴髮的巫婆同床共枕（要面子犧牲裡子）；還是白天讓眾人對老巫婆指指點點，嘲笑侍衛長的可憐，而晚上他可以和超級美女夜夜春宵（犧牲面子要裡子）。

想了老半天，侍衛長最後向巫婆說：「好吧！你自己決定何時要扮演你喜歡的角色就可以了， 我不干涉你的生活方式」。巫婆聽了很高興，對侍衛長說：「由於你的包容與智慧，我決定天天二十四小時都變成一個有教養的超級性感溫柔美女陪伴你照顧你」。

侍衛長突然驚訝的發覺：原來幸福竟然如此意外地降臨在他身上，天下竟然有這麼好的事！

國王、侍衛長、巫婆最後皆大歡喜，眾內閣官員全數跌破眼鏡。

這個故事給我們的啟示是：

1. 人要信守承諾。

2. 未經你的同意，你主管幫你包山包海承諾的事情還是要盡力完成。

3. 婚姻的幸福與否與婚禮的排場無關。

4. 對女人一定要有包容心，讓女人自己決定她的生活方式。

5. 不管外表如何裝扮或改變，其實女人的內在本質還是一個巫婆……（原作者說的，不是我哦！）

7. 不要指望你的另一半看完這故事會大徹大悟！（尤其打你的手機第一句話是問你現在人在哪裡的人──因為標準答案永遠是「我在你心裡」！）

8. 在台灣，巫婆是不會變美女的。

這個故事還有趣嗎？原作者最後要大家記得的啟示，每一項都值得我們深思和學習。但是大家尤其要記得的是：對女人一定要有包容心，讓女人自己決定她的生活方式。這就是女人真正要的，而且我完全贊同這個論點。不過這是好聽的說法，其實說難聽一點，就是女人最想要的，是能夠為所欲為。

不過，如果我們仔細去想想，希望能為所欲為，這不是人類的天性嗎？男生又何嘗不想這樣呢？只是，在追求和交往的過程中，你就是要讓女生覺得，你是尊重她的，不是想控制她的，而

且是完全讓她決定她想要的生活方式的那個，她最後會想要在一起的男人。

這樣的身分地位似乎聽起來有點卑微，但事實上並不是如此。因為，當女生愛上你之後，她不見得會真的那麼為所欲為。因為她喜歡你，所以會調整自己的行為和態度，來討好你，讓你開心；當她的想法和你的期待有所歧異和落差的時候，她甚至會試著改變自己來迎合你。比如說，有女生在婚前說自己不會煮菜，也不想學煮菜，但是結婚後，因為很愛自己的老公和孩子，於是從偶爾下廚，變成常常下廚，最後每天下廚，就為了看到孩子和老公，因為自己的手藝而吃得津津有味的樣子。

因此，其實你是可以在贏得女人心的這個過程之中，藉由潛移默化的方式來操控（太難聽了，用引導吧）她的。而且，在兩性交往的過程裡面，不只她會改變，你也會改變。你們雙方藉由彼此的行為和態度上的修正，來換得對方行為態度上的一些改變。這是一個協商和妥協（Negotiate & Compromise）的過程，目的就是為了營造兩人更好的關係。

但是，你總要先能讓對方喜歡上你，對方才有可能為你做出一些改變，或接受你的引導啊！於是，我出版了這本《脫離好人

幫》，目的就是讓大家能夠進入愛情故事的第一章裡面，而不是永遠被摒除在愛情的大門外，當個一輩子的好人。你只有在一開始的時候，能夠贏得女人對你的興趣，讓她覺得想跟你進一步發展關係，那麼你對她的好和付出，才有意義，否則全部都是做白工了。

關於兩性交往和相處的書籍，實在太多了，但是請大家記得，即使你利用本書的方法，交到了一個女朋友，也不要忘記要多多閱讀兩性的書籍，並且和你的另一半分享書中的好觀念。最好還帶著她，一起參加一些兩性成長的課程，建立彼此的共通語言，然後永遠不要關閉彼此溝通的大門。

兩性的交往，絕對是一個變數和變動極多的過程，只有不斷地學習、成長還有包容，兩人的關係才能走得長長久久！雖然教主之前談的幾段感情，都沒有一個完美的結果，但是對於愛情的追求，我卻絕對不會放棄。「失敗的人找藉口，成功的人找方法」，希望這本書能夠提供大家一些遇見愛情的方法。祝大家好運！

脱離好人幫
七天速成作業

7days
fast-changing
manual

　　好人會對一個剛認識的女人死心塌地，展現出愚蠢的崇拜，甚至因為緊張而表現不佳，主要是因為他認識的異性實在是太少了，覺得眼前好不容易出現了一個朋友介紹，或者自己參加活動認識的對象，因為怕對方跑掉，或被別人追走，於是就把對方看得多了不起，努力展開追求。但是很不幸的，這樣卻也同時注定了他的失敗。

　　不當好人的第一步，就是要讓自己能夠多多認識吸引自己的異性。能夠達成這個目標，除了常常參加校內和校外，或者是民間社團舉辦的活動之外，更要把教主的兩本書：《正妹心理學》以及《搭訕聖經》，都好好讀一遍，然後採取行動，擴大自己的交友圈。

　　★作業：搭訕認識你有興趣的異性，把握每天上班或上學時的公車上，捷運上，火車上，校園裡，辦公大樓內的公共區域等等的機會，主動和對方攀談，並且留下聯絡方式。

星期二：邀約日

　　好人在認識一個優質女孩的時候，因為過於興奮和緊張，會馬上把自己喜歡對方的心情，表現出來。但是就像我說的，你不是金城武或權相宇，沒有創造出對方非要你不可的價值，所以對方當然很容易就會覺得你表現得太猴急，太可怕，會因此就想要拒絕你。

　　你的態度，應該是：妳長得很不錯，但是麻煩請讓我看看妳有什麼其他不只是外貌的優點，可以吸引我，這樣我才會喜歡妳！以這個態度為基礎，來對女性進行邀約，表現出你誠懇想約對方出來聊聊，並且了解她其他優點的心意，但是又不會因為對方的拒絕（不管她是故意或真的有其他事情）而要死要活，也就是展現出不是那麼在乎的態度。

　　★作業：對認識並且想進一步了解的女生進行邀約，但是如果對方拒絕，或者有點支支吾吾，一副優柔寡斷的樣子時，你不會想要硬拗，非要她出來不可，而是馬上說：「沒關係，我下個禮拜再約你好了」，然後把電話掛掉；接著，撥電話給你心目中的第二以及第三號人選。

雖然她們一開始在你的心目中的地位不及一號，但是說不定你和她們出去約會之後，因為彼此聊天的契合，會發現二號或三號才是你心目中女朋友的理想人選。記住：好的感情一定是兩情相悅的，那個一點機會都不給你的一號，根本稱不上是值得的感情或對象。

星期三：多和異性說笑日

　　好人要培養出自負又風趣幽默（Cocky and Funny）的態度，來和女性交往；請注意，是自負加風趣幽默，不是只有自負（那很令人討厭），也不是只有搞笑幽默（你不是諧星好嗎？）。同時，也別忘了要對喜歡的女生，說出等同於我喜歡你，但是又不是那麼清楚告白的溫馨話語，以及要恪守約會時至少五次的肢體觸碰的原則，這些在教主的第二本書裡面，都有提到。

　　你也絕對不要因為害怕女生生氣，而不敢跟女生開玩笑。女生喜歡的，是能夠開她們的玩笑，但是又能夠伴隨著稱讚的男人，這種人，不會因為害怕她們生氣，而動輒得咎，什麼都不敢說。比如說，一個女生如果跟你抱怨說她要開始吃減肥餐時，你不會忙著說：「不會啦，你很瘦啊！」之類的話，而會說：「嗯，看來我是該帶著你去好好運動了…」。在一個無傷大雅的笑話中，又帶著邀約她的成分，可以拉近你和她的感情於無形。

　　★作業：把握所有的機會，跟你週遭的女性朋友說話，聊聊有趣的話題，然後把短暫聊天對象的範圍，擴及到更多異性，包括你購買

衣服時遇到的服飾店員，買東西時遇到的便利商店店員，甚至理頭髮時幫你做造型或洗頭的小妹，你都要把握機會和她們說上兩句話，即使只是短暫的稱讚也好。從這裡開始，你就會慢慢發現，說什麼話和開什麼玩笑，會引起女生的關心和笑容，你不僅克服了和異性說話的恐懼，也了解到逗女生開心的方法。

星期四：拒絕被拗日

好人最大的弱點，就是容易被自己喜歡的女生拗。不要以為替女生做牛做馬，對方就會喜歡你！她如果發現你是一個可以予取予求的人，就會繼續拗你，但是談戀愛的對象，又是另外一個男人。所以，你要下定決心，拒絕被拗！

女生喜歡的，是有自己生活和個性的人，她們要的是一個強者，不是一個弱者。你如果非要幫她的忙，可以！但一定是對你來說，不怎麼花時間和精力的事，而且事成之後，還要附上約會和請吃飯（當然是女生請你），這樣的忙你才要幫，否則就是做白工。

★作業：

如果有女生拗你幫她做事情，例如，請你幫她寫報告或修電腦，請馬上拒絕她！還要補上一句：「我是為了妳好，不如妳寫完後，我再幫妳看看有什麼需要修改的地方好了。不是不幫妳，而是要妳自己能夠成長啊！男人是靠不住的，妳自己才是自己的依靠！」講得越義正嚴辭越好，這樣她還會覺得你是一個真的關心她的人，而不是只想利用幫忙她來獲得回報的人（你不僅不必幫她寫報告，又讓她對你有好感，一舉數得）。

星期五：展現優勢日

　　好人展現自己的優勢來吸引女生的速度，總是比壞男人慢了點。但是，這一慢，就會讓你遇到好女人的時程，再往後拖個三到五年，因為女生對感情的觀念，通常都是先到先贏，尤其別的男人不是笨蛋，交到了一個優質的女朋友，是不會輕易說分手的。你不趕快展現優勢，吸引女生，就等著被排擠效應給拖累，然後繼續抱怨為何好女生都有男朋友！

　　如果你是一個彈奏樂器的高手，就邀請女生去參加你的演奏會；如果你是一個演講好手，讓她來聽你的演講；如果你是一個田徑或球類運動選手，帶她去看你的比賽⋯⋯。你就是要讓自己喜歡的女生，看到你在自己熟悉，又能發揮長才的領域裡面，發光發熱，強勢地把自己的優點，深植到她的心中，讓她覺得你是一個不可多得，她一不小心就會轉眼即逝的那個，她一定要把握的男人。

★作業：
帶女生去你可以發揮的地方好好表現，還要記得，當女生忘情地稱

讚你的時候，請表現出謙虛的樣子，然後鼓勵她，只要她找到自己
的興趣或方向，一定也可以獲得別人的掌聲的。最後，再補一句，
你永遠都是那個希望她成功，願意和她分享喜悅的朋友（這時把手
放在她的肩膀上也是可以的啦！）。

　　好人在和女生出去的時候，不敢對女生有什麼肢體上的觸碰，因為他害怕如果對方不喜歡他的話，除了當場被拒絕之外，以後連面可能都見不到了。但是，這樣的恐懼，卻會害他失去了測試女生對他好感指數的機會。

　　為什麼教主一天到晚說不必對女生告白呢？因為，我問過所有的女生：一個她們喜歡的男生，如果要牽她們的手，或者摟她們的腰，她們會拒絕嗎？不會！而且，如果你曾經有交過女朋友的話，回想一下，那種和你「自然」成為男女朋友的女孩子，你曾經特別對她說過什麼話嗎？沒有！一定是你覺得在很「自然」的情形下，對方就把手給你牽了。

　　結論就是，一定會成功的對象，你根本不會去想太多；你會在那邊龜龜縮縮，不敢表示，是因為你知道對方對你並沒有什麼正面積極的回應，所以你才想要用言語告白，看能不能逆轉情勢，有什麼突破。但是我告訴你：不會的！

　　所以教主建議大家，不管你能不能確定對方對你的感覺，用五次約會時的觸碰，大膽地向女生表示，不要害怕！因為，喜歡

你的人,一定不會拒絕你;有點害羞,怕感情進展太快的人,拒絕你幾次之後,最後還是會把手給你的;不喜歡你的人,會直接拒絕以後再和你出去,但是因為你沒有告白過,所以什麼損失也沒有!

★作業:

大膽地和你喜歡的女生約會,然後用肢體的觸碰來展現你對她的好感吧(如何碰觸女生,請看《搭訕聖經》!或來教主的愛情公開班接受演練教學!)

　　經過了這六天的練習，你一定嘗到了一些曖昧的甜頭，也遇到了一些拒絕和挫折，但是唯有保持正面積極的思考，才能繼續你往後的行動，而不會被一時的拒絕給擊倒！女生或許可以暫時地拒絕你，但是真正能拒絕你的人，其實是自己！如果遇到一些拒絕或打槍，就馬上退回原本的龜殼之中，不再採取行動，那麼你又回到了原本完全沒有異性的日子，那是你要的嗎？不是！絕對不是！

　　幻想自己是一個有魅力的人，並且反覆地告訴自己：搭訕時被女生拒絕，只要你是誠懇有禮貌，那就完全是對方的問題了；邀約時被女生打槍，那一定是對方真的沒空，或者眼睛瞎了，才沒有看到像你這樣具有良好內涵和品格的男人；和女生開玩笑她沒有回應或臉色難看，那一定是她缺乏幽默感，以後也不會是一個可以和你長久開心相處的良伴，現在及早發現真好；被女生胡亂硬拗的時候，拒絕她之餘，提醒自己，你要的是一個能把自己生活照顧得很好，然後你和她一起過得更好的女生，而她顯然不是；帶女生來看你在自己擅長的領域裡面表現突出，她卻沒什麼反應時，那是她不懂欣賞你的優點，你拒絕去喜歡一個無法欣賞

你的優點，又對你的付出沒有一丁點回應的女人。

★作業：
運用正面思考的力量，去放大你這個禮拜獲得的美好感覺，然後縮小或完全忘記女生的負面態度和拒絕。專注時間和精力在對你的付出有回應的人，並且把表現不佳的女生，丟進情緒的垃圾筒！

以上的七天練習，你可以濃縮在一天裡面做，也可以分成一個禮拜來做，七天完成之後，再用另一個七天來練習。周而復始，勤於練習，你一定能脫離好人幫，享受當情人的快樂！

Bloger 005
脫離好人幫

作　　　者　　鄭匡宇
封面‧內頁插畫　米奇鰻
封面設計　　　蔡南昇
內頁設計　　　a＊bow

副總編輯　　林秀梅
總經理　　　陳蕙慧
發 行 人　　涂玉雲

出　　版　　麥田出版
　　　　　　城邦文化事業股份有限公司
　　　　　　104台北市中山區民生東路二段141號5樓
　　　　　　電話：(02)2500-7696　傳真：(02)2500-1966
發　　行　　英屬蓋曼群島商家庭傳媒股份有限公司城邦分公司
　　　　　　104台北市中山區民生東路二段141號11樓
　　　　　　客服服務專線：(886)2-25007718；25007719
　　　　　　24小時傳真專線：(886)2-25001990；25001991
　　　　　　服務時間：週一至週五上午09:00~12:00；下午13:00~17:00
　　　　　　劃撥帳號：19863813；戶名：書虫股份有限公司
　　　　　　讀者服務信箱：service@readingclub.com.tw
　　　　　　城邦讀書花園 http://www.cite.com.tw
麥田部落格　http://blog.pixnet.net/ryefield
香港發行所　城邦（香港）出版集團有限公司
　　　　　　香港灣仔駱克道193號東超商業中心1樓
　　　　　　電話：（852）25086231　傳真：（852）25789337
馬新發行所　城邦（馬新）出版集團
　　　　　　Cite(M) Sdn. Bhd.(458372U)
　　　　　　11, Jalan 30D/146, Desa Tasik, Sungai Besi,
　　　　　　57000 Kuala Lumpur, Malaysia.
　　　　　　電話：（603）90563833　傳真：（603）90562833
印　　刷　　宏玖國際有限公司

初版一刷　　2007年11月
初版八刷　　2010年3月

國家圖書館出版品預行編目資料

脫離好人幫 / 鄭匡宇著. -- 初版.
　-- 臺北市：麥田出版：
家庭傳媒城邦分公司發行, 2007.10
面；　公分. -- (Bloger；5)

ISBN 978-986-173-304-3(平裝)
1.兩性關係

544.7　　　　　　　　96017950

完

F I N